DROIT ADMINISTRATIF

DES

EXPERTISES

EN MATIÈRE

DE TRAVAUX PUBLICS

PAR

Alfred DOUSSAUD

AVOCAT

ANCIEN SECRÉTAIRE GÉNÉRAL DE LA PRÉFECTURE DE LA CORRÈZE

PARIS

IMPRIMERIE ET LIBRAIRIE GÉNÉRALE DE JURISPRUDENCE

MARCHAL, BILLARD et Cᵉ, IMPRIMEURS-ÉDITEURS

LIBRAIRES DE LA COUR DE CASSATION

Place Dauphine, 27

—

1880

DES EXPERTISES

EN MATIÈRE DE TRAVAUX PUBLICS,

DU MÊME AUTEUR :

LES ENTREPRENEURS DES FORTS CONSTRUITS DE 1874 A 1878.

UNE LOI A REFAIRE, ou Critique de la loi de 1867 sur les Sociétés.

L'ÉTAT ASSUREUR.

UN PROJET DE CRÉDIT AGRICOLE.

PARIS. — IMPRIMERIE DE J. DUMAINE, RUE CHRISTINE, 2.

DES
EXPERTISES

EN MATIÈRE

DE TRAVAUX PUBLICS

PAR

Alfred DOUSSAUD

AVOCAT

ANCIEN SECRÉTAIRE GÉNÉRAL DE LA PRÉFECTURE DE LA CORRÈZE

PARIS

IMPRIMERIE ET LIBRAIRIE GÉNÉRALE DE JURISPRUDENCE

MARCHAL, BILLARD ET C⁰, IMPRIMEURS-ÉDITEURS

LIBRAIRES DE LA COUR DE CASSATION

Place Dauphine, 27

—

1880

DÉDIÉ A MON PÈRE

M. Antoine-Hilaire DOUSSAUD

AVOCAT,

ANCIEN NOTAIRE, ANCIEN CONSEILLER GÉNÉRAL,

ANCIEN MAIRE DE LUBERSAC,

En témoignage de ma piété filiale et de ma reconnaissance pour tout ce que je dois à son affection, à son savoir et à son expérience.

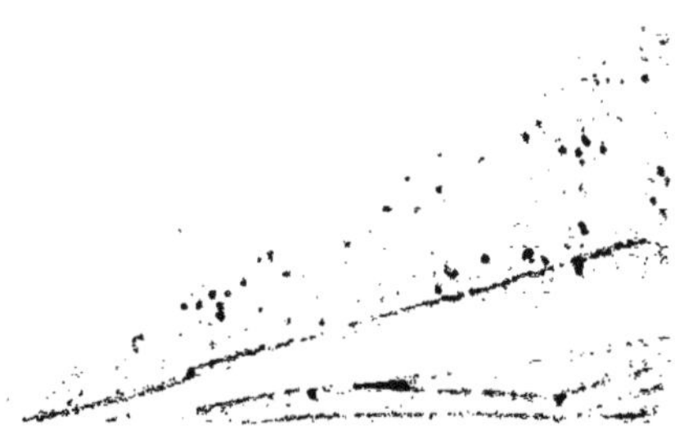

AVANT-PROPOS

On ne peut nier que nous vivons dans un siècle dont les progrès et les découvertes laisseront bien loin en arrière ceux qui l'ont précédé.

Ce qui aurait paru incroyable ou merveilleux il y a cinquante ans n'étonne même plus.

Le *difficile* d'autrefois est le *tout simple* d'aujourd'hui ; le prétendu *impossible* se fait partout, à chaque instant.

Après les chemins de fer, abrégeant les distances dans des proportions inouïes, est venu le télégraphe électrique qui les supprime.

Par suite, notre manière d'être est si singulièrement modifiée, que toutes les conditions de la vie sociale se trouvent changées.

Cela est vrai, dans tous les ordres d'idées, en industrie comme en commerce, en science comme en législation.

Aujourd'hui, il faut faire *tout* vite.

Les procès, qui duraient un demi-siècle, doivent être terminés rapidement, ou causent aux deux parties des préjudices incalculables; les affaires les plus importantes sont traitées et conclues en quelques heures; les travaux les plus considérables menés à la vapeur,

Or, certaines de nos lois sont absolument en retard.

Il faut, cependant, pour qu'une loi soit bonne, qu'elle soit de son temps et protège, au lieu de léser, les droits qu'elle a pour but de défendre. C'est en ces matières que l'*opportunisme* est absolument d'à propos.

Ainsi, en ce qui concerne les travaux publics, les grandes entreprises, qui se vulgarisent de jour en jour, la législation a des progrès à accomplir.

Spécialement, et c'est là le point que nous voulons examiner, l'expertise en matière de travaux publics appelle des réformes urgentes.

De tous les moyens d'instruction dont disposent les tribunaux administratifs, c'est assurément le plus ordinairement employé. Cependant, aucunes règles fixes n'en indiquent encore la marche et la forme.

Il n'existe de dispositions légales que pour les expertises ordonnées par les lois d'exception de 1807 et 1836, le règlement préfectoral sur les chemins vicinaux, du 2 juillet 1851, et le décret du 8 février 1868, et elles sont si étranges et si disparates, que leur abrogation est unanimement demandée.

Cela tient à ce que, malgré l'immense développement qu'ont pris les travaux publics, l'importance chaque jour grandissante des litiges soumis aux conseils de préfecture, nous n'avons pas encore de Code administratif.

Amené à constater les lenteurs que peuvent subir les procès de cette espèce, ainsi que les conséquences déplorables qui en résultent, nous croyons devoir appeler l'attention du législateur sur un état de choses en contradiction choquante avec notre époque de progrès.

Notre livre a donc ce double but : signaler la lacune regrettable qui existe dans nos lois et indiquer les réformes à faire.

Nos tribunaux administratifs sont bien en arrière de leurs pairs, par suite de l'obscurité qui règne dans les matières qu'ils ont à traiter ou de l'anachronisme de la législation qui les régit.

Le moment est propice pour accomplir cette œuvre de rénovation qui, suffisamment préparée,

n'exige ni de longues études ni beaucoup de temps, mais seulement une volonté ferme.

Nous venons la demander à notre tour et, nous l'espérons, convaincus que ses auteurs, tout en méritant bien de la classe intéressante des entrepreneurs de travaux publics, placeront ainsi les conseils de préfecture au rang qu'ils doivent occuper dans la grande famille judiciaire.

DES EXPERTISES

EN MATIÈRE DE TRAVAUX PUBLICS

PROLÉGOMÈNES

DES TRIBUNAUX ADMINISTRATIFS.

Généralités.

Depuis 1789, tout notre ordre politique repose sur le principe *de la séparation des pouvoirs*.

Ce fut un décret de l'Assemblée nationale, du 16 août 1790, qui proclama l'*indépendance* respective *des corps administratifs* et des tribunaux.

De là résulte tout naturellement l'institution de la *justice administrative :*

La justice se composant de deux éléments : *la juridiction* qui est le pouvoir du juge, et la *compétence* qui est la limite de ce pouvoir ; à la différence de la justice civile qui règle les rapports privés entre les citoyens, la *juridiction administrative* s'exerce sur les débats qui

1

s'élèvent d'une part entre *l'administration*, et de l'autre *un particulier* ou un être moral.

Quant à la *compétence* administrative, elle embrasse *toutes les difficultés auxquelles peuvent donner lieu les actes de l'autorité administrative, en présence des droits appartenant aux administrés,* EXCEPTÉ TOUTEFOIS CELLES QUI TOUCHENT A L'ORDRE CONSTITUTIONNEL, CIVIL ET PÉNAL.

Les conseils de préfecture au premier degré, et le *Conseil d'Etat* au second, constituent la *juridiction administrative ordinaire.*

JURIDICTION DU PREMIER DEGRÉ.

CONSEILS DE PRÉFECTURE.

Composition. — Compétence. — Fonctionnement. — Procédure. — Voies de recours contre leurs décisions.

I. — Les conseils de préfecture, tribunaux administratifs ordinaires du premier degré, ont été institués par la loi du 28 pluviôse an VIII (17 février 1800) sur la division du territoire français et l'administration.

II. — Ils correspondent, dans l'ordre administratif, aux tribunaux de première instance, dans l'ordre civil, avec cette différence *qu'ils ne jugent jamais en dernier ressort et ne doivent pas connaître de l'exécution de leurs jugements ni des voies de contrainte.*

Et, quoiqu'ils aient dans les limites de leur compétence plénitude de juridiction, que leurs arrêtés emportent hypothèque et exécution forcée, c'est la justice civile qui intervient sur cette exécution comme *juridiction ordinaire.*

A ce point de vue, et par rapport à elle, les conseils de préfecture sont des tribunaux extraordinaires.

III. — Leurs attributions sont diverses :

1° Leur compétence en matière de travaux publics est fixée par l'article 4 de la loi du 28 pluviôse an VIII, *titre* 2, traitant de l'administration départementale, ainsi conçu :

« Art. 4. — Le conseil de préfecture prononcera :

« *Sur les difficultés qui pourraient s'élever entre les entrepreneurs de travaux publics et l'administration, concernant le sens ou l'exécution des clauses de leur marché ;*

« *Sur les demandes et contestations concernant les indemnités dues aux particuliers à raison des terrains pris ou fouillés pour la confection de chemins, canaux et autres ouvrages publics ;*

« Sur les difficultés qui pourraient s'élever en matière de grande voirie. »

2° Par les articles 56 et 57 et la loi du 16 septembre 1807, dont voici les termes :

« Art. 56. — Les experts pour l'évaluation des indemnités relatives à une occupation de terrain, dans les cas prévus au présent titre, seront nommés pour les objets de grande voirie, l'un par le propriétaire, l'autre par le préfet, et le tiers-expert, s'il en est besoin, sera de droit l'ingénieur en chef du département. Lorsqu'il y aura des concessionnaires, un expert sera nommé par le propriétaire, un par le concessionnaire, et le tiers-expert par le préfet.

« Art. 57.—Le contrôleur et le directeur des contributions donneront leur avis sur le procès-verbal d'expertise, qui sera soumis par le préfet à la délibération du conseil de préfecture.

« Le préfet pourra, dans tous les cas, faire faire une nouvelle expertise. »

3° Par l'article 17 de la loi du 21 mai 1836, ci-après :

« Art. 17. — Les extractions de matériaux, les dépôts ou enlèvement de terre, les occupations temporaires de terrains, seront autorisés par arrêté du préfet, lequel désignera les lieux ; cet arrêté sera notifié au moins deux jours avant que son exécution puisse être commencée.

« Si l'indemnité ne peut être fixée à l'amiable, elle sera réglée par le conseil de préfecture, sur le rapport de deux experts nommés : l'un par le sous-préfet, et l'autre par le propriétaire.

« En cas de désaccord, le tiers-expert sera nommé par le conseil de préfecture. »

Enfin, l'article 8 du décret impérial du 8 février 1868, sur les occupations temporaires, dont voici les dispositions :

« Art. 8.—A défaut d'accord entre l'entrepreneur et le propriétaire pour l'évaluation partielle ou totale de l'indemnité, il est procédé conformément à l'article 56 de la loi du 16 septembre 1807. »

IV. — La composition des conseils de préfecture est variable. Elle a été réglée par la loi du 21 juin 1865.

Elle est de huit conseillers pour la Seine, et de quatre ou trois membres pour les autres départements.

Le préfet est président de droit.

Sa voix est prépondérante.

En cas d'absence, il est remplacé par un vice-président choisi parmi les conseillers.

Un commissaire du gouvernement, le secrétaire général de la préfecture, *de droit,* — mais par exception, un auditeur au Conseil d'Etat, spécialement délégué, dans certains départements, comme ceux de la Seine, de Seine-et-Oise, du Nord, du Rhône, des Bouches-du-Rhône, etc., — fait partie du conseil de préfecture et donne des conclusions dans chaque affaire.

Enfin, un secrétaire-greffier attaché au conseil et chargé d'enregistrer les enquêtes et d'expédier les arrêtés, complète la composition du tribunal.

V. — La procédure à suivre devant les conseils de préfecture ne repose encore sur aucune loi.

A la différence de celle qui doit être observée devant le conseil d'Etat et qui a été organisée complètement par le décret du 22 juin 1806, elle n'est pas encore réglementée.

Cependant elle devait faire, aux termes de l'article 14 de la loi du 21 juillet 1865, l'objet d'un règlement public.

Ce règlement est encore dans les limbes.

Seulement, un décret du 12 juillet 1865, concernant le mode de prouver devant le conseil de préfecture, a réglé les points suivants :

A. Lorsqu'on veut introduire une instance, il faut envoyer une requête sur timbre et un mémoire, avec les pièces à l'appui, au Préfet du département, qui les dépose au greffe du conseil de préfecture (art. 1er).

De telle sorte que pour que la demande soit introduite, il n'est pas nécessaire de lancer une assignation à l'adversaire, il suffit d'une simple requête sur papier timbré, adressée au Préfet ou aux membres du conseil de préfecture, ou même d'une assignation à l'administration ou à l'entrepreneur, qui est produite avec un mémoire à l'appui, contenant tous les chefs de réclamation, qui seuls peuvent faire l'objet du recours au Conseil d'État (arrêts du 21 juin 1851, et du 3 décembre 1857).

La requête peut être présentée par un mandataire (arrêt du 23 juin 1848). Ici la maxime que « *nul en France, hormis le roi, ne plaide par procureur* », n'est pas applicable.

B. Aussitôt après l'enregistrement, au greffe des requête et mémoires, le Préfet, ou le conseiller qui le remplace, désigne un rapporteur, auquel le dossier est transmis dans les vingt-quatre heures (art. 2).

C. Le conseiller rapporteur instruit l'affaire et vérifie la force probante des pièces produites (art. 3).

D. Sur sa proposition, le conseil de préfecture règle la communication des pièces, à faire aux intéressés et fixe le délai accordé pour les examiner et y répondre (art. 4).

Ces communications sont faites sans déplacement (art. 7).

E. Le conseil de préfecture, une fois saisi, ordonne par les décisions *préparatoires* ou *interlocutoires* toutes les mesures propres à éclairer la conscience de ses membres, comme :

Une enquête ;

Une expertise ;

Une vérification des lieux ;

Un interrogatoire sur les faits et articles ;

L'avis des administrateurs les plus rapprochés des lieux.

F. Lorsque l'affaire est en état, le rapporteur prépare le rapport qu'il doit présenter au conseil et le projet de décision à intervenir ; il les remet au secrétaire greffier du conseil, qui les transmet immédiatement au commissaire du gouvernement.

G. Le *rôle* de chaque *séance* du conseil est arrêté par le Préfet, ou le conseiller qui le remplace comme président, sur la proposition du commissaire du gouvernement.

Les ordonnances des 2 février et 12 mars 1831, 30 décembre 1862 et la loi du 21 juin 1865, ont établi la *défense orale* et la *publicité* des audiences des conseils de préfecture.

Par suite, les parties ont le droit :

Ou de remettre des mémoires écrits exposant la demande ou développant les moyens de défense ;

Ou de présenter elles-mêmes des observations de vive voix ;

Ou de les faire présenter par des mandataires, qu'elles assistent ou qui sont munis d'un pouvoir écrit, en cas d'absence des plaideurs.

Lorsque le rôle a été arrêté, l'affaire est appelée.

A l'audience :

Le conseiller rapporteur lit son rapport ;

Les parties présentent ou font présenter leurs observations ;

Le commissaire du gouvernement donne ses conclusions ;

Le conseil rend son jugement séance tenante ;

On met l'affaire en délibéré, qui a lieu hors la présence des parties (art. 8 et 9 de la loi du 21 juin 1865).

Dans ce dernier cas, la décision est rendue aussitôt après le délibéré, ou son prononcé est renvoyé à une audience suivante.

Les décisions des conseils de préfecture s'appellent *arrêtés*.

Les arrêtés sont divisés en trois parties :

1° Le *visa* qui contient : l'analyse des pièces produites ou des dispositions législatives applicables, l'exposé de l'affaire — et qui correspond aux qualités des jugements rendus par les tribunaux civils ;

2° Les *considérants* — ou motifs de juger ;

3° Le *dispositif* — c'est-à-dire la décision elle-même ordonnant aux parties ce qu'elles doivent faire.

L'arrêté doit mentionner de plus :

La publicité de l'audience dans laquelle il a été rendu ;

Les noms et conclusions des parties ;

Les conclusions données par le commissaire du gouvernement, ou mention qu'il a été entendu ;

Les noms des membres qui ont siégé ;

La signature de la minute de l'arrêté par le président, le conseiller rapporteur et le secrétaire greffier.

(Art. 13 du décret du 12 juillet 1865).

Tout arrêté doit être motivé à peine de nullité ; il est de jurisprudence certaine que les motifs donnés doivent être sérieux.

VI. — Comme nous l'avons indiqué, les arrêtés du conseil de préfecture ne peuvent être rendus qu'en premier ressort.

VII. — Trois voies de recours sont ouvertes contre eux, savoir :

L'*opposition*, contre les jugements rendus par défaut, — qui peut être formée jusqu'au moment de l'exécution de l'arrêté ;

Le *recours* au Conseil d'Etat contre les décisions contradictoires ou interlocutoires, — c'est-à-dire rendues contre les parties présentes ou représentées, et jugeant ou préjugeant le fond du procès — qui doit être fait dans le délai de trois mois, à partir de la notification de l'arrêté ;

Et la *tierce opposition* — pour le *tiers*, qui, n'ayant pas été appelé en cause, est lésé par l'arrêté.

La voie de la requête civile n'est pas ouverte contre les jugements des conseils de préfecture, puisqu'ils ne peuvent pas être rendus en dernier ressort.

VIII. — Il résulte de tous ces prolégomènes :

1° Que les conseils de préfecture, constituent une *juridiction spéciale*, devant être soumise à une *procédure spéciale*;

2° Que ce n'est que par une négligence regrettable, que l'art. 14 de la loi du 21 juillet 1865, prescrivant un règlement public à cet effet, n'a pas été exécuté;

3° Que ce n'est qu'à son défaut que le Code de procédure est appliqué par *analogie*; comme, par exemple, en matière d'*expertise*, où les serments des experts et des témoins doivent être reçus conformément aux art. 283 et 310;

4° Qu'en raison du *caractère d'urgence* des causes portées devant la juridiction administrative, le législateur a voulu, pour elle, une manière de procéder aussi *simple* que *rapide* afin d'arriver promptement à la décision définitive;

5° Et qu'en conséquence, la procédure ordinaire doit, jusqu'à une réglementation spéciale, être suivie devant les conseils de préfecture, mais *seulement pour toutes les dispositions qui peuvent se concilier avec la célérité administrative.*

JURIDICTION ORDINAIRE DU SECOND DEGRÉ.

CONSEIL D'ÉTAT.

Compétence. — Division. — Organisation de la section du contentieux. — Procédure. — Décisions. — Voies de recours.

IX. — Le principe sur lequel est basée toute notre organisation judiciaire, à savoir : que tout procès doit passer par deux degrés de juridiction, reçoit son application en matière administrative comme en matière civile, commerciale et criminelle.

Les conseils de préfecture ne jugeant qu'en premier ressort, c'est le Conseil d'État qui est le tribunal du second degré.

Il est au conseil de préfecture ce que sont aux tribunaux civils de première instance les Cours d'appel et la Cour de cassation.

C'est-à-dire que tout en étant juge d'appel des décisions rendues par les tribunaux du premier degré, le Conseil d'État forme en même temps la juridiction suprême contre laquelle on ne peut plus appeler.

X. — Il connaît de tous les *recours* légalement formés contre les arrêtés des conseils de préfecture.

Aucune demande nouvelle n'est recevable.

Ces recours peuvent être fondés sur :

L'incompétence;

L'excès de pouvoir;

Les nullités de forme;

Le mal jugé.

Mais ils ne sont recevables que contre les décisions *définitives* ou interlocutoires, c'est-à-dire *ordonnant* une *vérification qui préjuge le fond du procès.*

On ne peut appeler *à part* des jugements *préparatoires;* cette voie n'est ouverte que contre l'arrêté définitif en *bloc.*

XI. — Le recours n'est pas suspensif, c'est-à-dire n'empêche pas l'exécution de l'arrêté, à moins qu'il n'en soit autrement ordonné.

Néanmoins les conseils de préfecture peuvent subordonner l'exécution de leurs décisions, en cas de recours, *à la charge de donner caution,* ou de justifier d'une solvabilité suffisante (Loi du 24 mai 1872, art. 24).

Le Conseil d'État peut toujours accorder un sursis jusqu'au prononcé de son arrêt notamment :

S'il n'y a pas péril en la demeure ;

Si l'arrêté attaqué devait causer à l'opposant un préjudice considérable.

XII. — Le Conseil d'État est divisé en quatre sections, dont trois sont chargées d'examiner les affaires d'administration pure et *une* de *juger* les *recours contentieux.*

XIII. — *La section* du contentieux est composée de six conseillers d'État et du vice-président du Conseil d'État (art. 10 de la loi du 24 mai 1872).

Elle est présidée par un des présidents de section, nommé par le Président de la République ; mais il n'a la présidence de l'assemblée publique du Conseil d'Etat au contentieux qu'en l'absence du vice-président (art. 1er de la loi du 1er août 1874).

Le ministre de la justice est de droit président du conseil d'Etat.

C'est cette section qui est chargée de diriger l'instruction écrite et de préparer le rapport des affaires contentieuses qui doivent être jugées par le Conseil d'Etat.

Tous les rapports sont faits par écrit.

La section, pour délibérer, doit être au nombre de trois conseillers, au moins, ayant voix délibérative, et assistée d'un des trois maîtres des requêtes désignés par le Président de la République pour remplir au contentieux les fonctions de commissaire du gouvernement.

XIV. — La procédure suivie devant le Conseil d'Etat, régie par le décret du 22 juillet 1806, contenant *règlement sur les affaires contentieuses*, est à peu de chose près la même que celle suivie devant les conseils de préfecture.

Nous allons en analyser seulement les points principaux.

XV. — Le recours est formé dans un délai de trois mois à partir de la notification de la décision intervenue, par une requête signée par un *avocat au Conseil*, contenant : l'exposé sommaire des faits et des moyens, les conclusions, les noms et demeures des parties, enfin l'énonciation des pièces dont on entend se servir et qui sont jointes.

La signature de l'avocat au pied de la requête vaut constitution et élection de domicile chez lui ; *aucun mandat de l'intéressé n'est nécessaire.*

XVI. — La requête et toutes les pièces produites par les parties sont déposées au secrétariat du Conseil d'Etat où les avocats en prennent communication, sans frais.

Ces pièces ne peuvent être déplacées à moins qu'il n'en existe des minutes ou que les intéressés y consentent.

Dans ce cas, l'avocat en donne un récépissé, mentionnant obligation de les rendre dans un délai de huit jours, sous peine d'une amende de 10 francs et de dommages et intérêts.

XVII. — Lorsque la communication aux parties a été ordonnée, elles sont tenues de répondre et de fournir leurs défenses dans les délais déterminés, et qui varient suivant les distances.

Le demandeur peut, quinze jours après que les défenses ont été fournies, donner une seconde requête et le défendeur y répondre dans la quinzaine suivante.

Il ne peut y avoir plus de deux requêtes de la part de chaque partie, y compris la requête qui introduit l'instance.

Les communications de pièces ne peuvent, en aucun cas, prolonger les délais pour fournir ou signifier requête.

XVIII.—Toutes les fois qu'après l'examen de l'affaire il y a lieu d'ordonner que des faits ou des écritures soient vérifiés, ou qu'une partie soit interrogée, le président désigne un maître des requêtes ou commet sur les lieux, en réglant la forme dans laquelle il sera procédé à ces actes d'instruction.

Le Conseil d'Etat dispose pour s'éclairer des mêmes moyens d'instruction que le conseil de préfecture.

Il en use plus rarement parce qu'il statue en appel, mais il peut en user.

XIX.— Lorsque la section du contentieux a terminé l'instruction et préparé le rapport, dont toutes les questions sont communiquées sans déplacement aux avocats, quatre jours au moins avant la séance, le rôle de l'audience est arrêté d'accord avec le commissaire du gouvernement.

XX. — L'assemblée publique du Conseil d'Etat statuant au contentieux se réunit.

Elle doit être composée de neuf membres au moins ayant voix délibérative.

Elle ne peut délibérer qu'en nombre impair.

Pour compléter l'assemblée les conseillers d'Etat, absents ou empêchés, peuvent être remplacés par d'autres conseillers en service ordinaire, suivant l'ordre d'inscription au tableau.

Les conseillers qui ont délibéré dans les sections qui ont préparé les décisions ne peuvent prendre part au jugement du recours dirigé contre ces décisions.

XXI. — L'affaire est appelée.

Le rapport est fait au *nom de la section du contentieux*.

Les avocats présentent leurs observations.

A défaut de constitution d'avocat, l'affaire peut être jugée par la section du contentieux, sinon elle est portée à l'audience sur la demande d'un des conseillers de la section ou du commissaire du gouvernement.

Après les observations des avocats, le commissaire du gouvernement donne ses conclusions.

L'assemblée délibère.

Elle rend sa décision.

Les décisions du Conseil d'État s'appellent *arrêts*.

XXII. — Lorsque l'arrêt est poursuivi contre plusieurs parties et que quelques-unes seulement ont fourni leurs défenses, il est statué à l'égard de *toutes* par la même décision.

XXIII.—Les délais en raison des distances fixées par l'art. 71 du Code de procédure civile, pour ceux demeurant hors de France, sont applicables à toute la procédure à suivre.

XXIV. — Les arrêts doivent contenir :

Les noms et qualités des parties ;

Leurs conclusions et la mention des pièces principales produites.

Ils ne peuvent être mis à exécution contre une partie
qu'après avoir été préalablement signifiés à l'avocat, au
conseil, qui a occupé pour elle.

XXV. — Il existe contre les arrêts des Conseils d'Etat
les trois voies de recours suivantes :

1° Les décisions prises par défaut sont susceptibles
d'*opposition*.

L'opposition doit être formée dans le délai de deux
mois (décret du 2 nov. 1864, art. 4).

2° Les arrêts contradictoires peuvent donner lieu à la
tierce-opposition de la part de celui dont les droits sont
atteints par la décision et qui n'a pas été appelé en
cause (décret du 22 juillet 1806, art 37).

3° Enfin ils peuvent être attaqués par voie de *requête
civile*;

Si la décision a été rendue sur pièce *fausse* ou parce
que la pièce *décisive* retenue par l'adversaire n'a pas
été représentée (décret du 22 juillet 1806, art. 32);

Ou, si les formalités prescrites par le décret organique
du 25 janv. 1852, n'ont pas été observées (Décret du
25 janv. 1852, art. 20).

XXVI. — De tout ce qui précède, il résulte que :

La procédure administrative se distingue des autres

par trois points nettement tranchés, qui constituent son *caractère propre :*

1° Devant elle, *l'instruction a lieu par écrit.*

En effet, les parties sont bien admises à présenter des observations orales; mais c'est surtout par l'étude des mémoires et des pièces produites que les conseils se forment une conviction.

Ce moyen d'instruction est assurément le plus sûr. Il ne peut pas y avoir de surprise d'audience et les questions sont toujours froidement examinées.

2° *Les formes de procédure sont simplifiées* et *les frais évités* autant que faire se peut.

3° Enfin, à la différence des autres juridictions, où les parties en cause entament et mènent la procédure à leur gré, *devant les tribunaux administratifs c'est le juge seul qui dirige lui-même toute la procédure.*

DES EXPERTISES EN GÉNÉRAL

PRINCIPES GÉNÉRAUX.

Définition de l'expertise. — Son caractère. — Ses différences avec l'arbitrage. — L'enquête. — La descente sur les lieux.

1. — Il est facile de comprendre que les conclusions et les mémoires échangés par les plaideurs ne suffisent pas toujours pour éclairer le juge.

Les affirmations sont habituellement contradictoires, les faits le plus souvent contestés, et la défense généralement la négation de la demande.

Il faut évidemment que les tribunaux puissent disposer de moyens plus efficaces que l'instruction ordinaire et les plaidoiries.

Aussi la loi leur a-t-elle accordé le pouvoir d'ordonner des vérifications, notamment sous forme d'*expertises*.

2. — L'expertise en général est un mode d'instruction constituant une procédure incidente, une phase du procès.

C'est une voie ouverte au magistrat pour arriver plus sûrement à la solution du litige à l'aide d'une

sorte d'*instruction technique*, qu'il ne peut faire lui-même, parce qu'elle nécessite des connaissances spéciales en même temps qu'une minutieuse et patiente étude des détails de l'affaire.

On peut définir l'expertise :

« *La mission confiée* par un tribunal, d'office ou d'accord avec les parties *à des hommes compétents pour éclairer les points obscurs du procès*, en répondant aux questions douteuses et donnant un avis motivé sur les difficultés soulevées, ou en d'autres termes : *pour rechercher la vérité et dresser un procès-verbal des opérations faites dans ce but.* »

C'est donc une espèce de délégation partielle de son mandat de justice que fait le juge au profit de certaines personnes possédant des aptitudes nécessaires.

L'ensemble de cette opération se nomme *expertise*.

On appelle *experts* les hommes chargés de la faire.

Le procès-verbal écrit, contenant l'exposé de leurs travaux et leur opinion explicite porte le nom de *rapport*.

3.—De ce que l'expertise est un moyen d'instruction, il en résulte naturellement qu'elle n'est spéciale à aucun tribunal et qu'elle s'applique à toutes les juridictions, *civile, commerciale, administrative* et même *criminelle*.

Mais il faut observer qu'une expertise faite par décision d'un tribunal civil ou de commerce, ou d'une ordonnance de référé ne peut tenir lieu de celle que doit, dans les cas déterminés, ordonner le conseil de préfecture (Arrêts des 23 janvier 1850, 23 mars 1851, 23 juillet 1855, 21 juillet 1858).

4. — Malgré le caractère bien tranché de l'expertise et la définition qu'il est facile d'en faire, on s'est souvent demandé, dans la pratique, ce que c'était qu'une expertise et quand il y avait expertise ?

Disons d'abord qu'en cette matière, il faut s'attacher avant tout à la nature de l'opération et laisser de côté la qualification qui a pu être donnée à celui qui doit y procéder.

Le véritable caractère de l'expertise c'est qu'elle constitue une *délégation judiciaire ;* elle doit donc avant tout, *émaner d'un juge régulièrement saisi.*

Toutes les fois que ce caractère manque, il peut y avoir un mandat donné par des particuliers, mais non une expertise.

5. — La différence entre l'arbitrage et l'expertise est sensible.

Les arbitres sont de véritables *juges* toujours choisis par les parties, ils rendent une *sentence* exécutoire comme un jugement ordinaire.

Les experts, au contraire, ne peuvent que donner leur *avis* que les juges ont le droit de suivre ou de rejeter. *Leur rôle est purement consultatif.*

6. — On ne peut non plus confondre l'expertise avec la descente sur les lieux.

La descente sur les lieux est faite par le tribunal ou par un juge commis; elle n'est que la *constatation matérielle* de l'état des lieux litigieux.

L'expertise, au contraire, est toujours faite en dehors du tribunal qui *n'y prend pas part*, et elle a à résoudre des *questions techniques* ou spéciales exigeant des connaissances particulières.

7. — Ajoutons que l'expertise, comme nous le verrons plus loin, entraîne des obligations qui lui sont propres, comme par exemple : la rédaction du rapport à l'époque et au lieu indiqués aux parties et son dépôt au greffe.

8. — On a aussi agité la question de savoir quel est le véritable caractère de la décision ordonnant l'expertise.

Il faut distinguer.

En matière administrative comme en matière civile :

Si l'expertise est demandée par les deux parties et ordonnée d'accord, ce n'est qu'un *arrêté d'instruction*, un simple *préparatoire*, qui ne peut être attaqué devant le Conseil d'État.

En effet, il ne préjuge rien, il laisse entières toutes les questions posées, ne porte aucune atteinte aux droits du demandeur ni à ceux du défendeur, et par conséquent ne peut servir de base à un recours, puisqu'il est de principe que les décisions préparatoires ne peuvent être l'objet d'un appel.

Si, au contraire, l'expertise est ordonnée, malgré l'opposition d'une ou des deux parties, il en est autrement. Dans ce cas, l'arrêté préjuge le fond, il devient une *décision interlocutoire*, car tout en laissant la question entière et en ne constituant pas la chose jugée (arrêt du 5 juill. 1851), il ordonne une instruction qui suppose le bien fondé de la demande, au moins en principe.

Dans ce cas, il n'est pas douteux qu'il est attaquable par voie de recours au Conseil d'Etat, et que celui qui se pourvoit peut demander que l'exécution de l'arrêté soit suspendue jusqu'à ce qu'il ait été statué sur son appel (arrêts des 29 juin 1850, 27 août 1851).

Le Conseil d'Etat a le droit d'accorder un sursis, et il est d'usage qu'il l'accorde.

DE L'EXPERTISE DANS L'ANCIEN DROIT.

Historique.

9. — L'expertise était connue et pratiquée par les Romains.

Circonstance à noter, dans leur droit comme dans le nôtre, les experts appelés *juratores* devaient prêter serment.

10. — En France où pendant si longtemps on a eu recours à la preuve testimoniale, si dangereuse, l'expertise a été prescrite et réglementée pour la première fois par l'ordonnance de Blois.

Il est intéressant de rapprocher les règles qui la régissaient avant nos codes de celles auxquelles elle est aujourd'hui assujettie.

11. — Dans l'ancien droit, — et nous entendons par là celui antérieur au Code, — lorsque l'expertise était ordonnée, les parties avaient le droit de nommer chacune un expert ; si elles ne pouvaient se mettre d'accord sur le choix à faire, c'était le juge-commis pour recevoir leur serment qui nommait les experts, *chaque partie ayant droit à un expert.*

Il en résultait que chaque expert se considérait comme l'homme de sa partie, et que ce n'était plus un mandataire de juge, mais bien plutôt un défenseur de l'un des intéressés au procès.

12. — Tout expert pouvait être *récusé*.

13. — Les experts pouvaient, pour la confection de leur rapport, se retirer où il leur plaisait; *il n'était pas nécessaire que ce rapport fût fait sur les lieux.*

14. — Lorsque les deux experts se mettaient d'accord, un seul rapport était dressé.

15. En cas de partage, un tiers-expert était nommé par les deux experts, et, en cas de dissentement, par le juge-commis.

Le tiers-expert *était obligé de se ranger à un des deux avis exprimés*; il ne pouvait donc ni choisir un terme moyen entre les chiffres indiqués, ni en fixer un plus haut ou plus bas; il ne pouvait que prendre un des deux fixés par les premiers opérateurs.

16. — Lorsque le rapport était dressé d'accord, le tribunal ne pouvait ordonner une nouvelle expertise.

17. — Enfin, disposition monstrueuse, le rapport des experts LIAIT le tribunal qui était obligé de faire passer dans son jugement l'avis exprimé; mais cette disposition exorbitante a été avec raison abrogée en ces termes par l'ordonnance donnée en avril 1667 à Saint-Germain-en-Laye par Louis XIV :

« Art. 14. — Abrogeons l'usage de faire *recevoir* en *justice*, les procès-verbaux et rapports des experts et pourront les parties les produire ou les *contester* si bon leur semble. »

18. — Dans un but de haute moralité, et en raison des abus auxquels donnaient lieu les expertises, il était interdit aux experts, sous peine d'amende, de recevoir directement ou indirectement aucun cadeau des plaideurs.

19. — La plupart de ces prescriptions ont été reproduites par nos codes comme nous le verrons plus loin.

20. — Dans notre droit actuel les expertises sont régies, en matière civile, par le Code de procédure, et en matière administrative, pour certains cas déterminés par des lois spéciales; mais jusqu'à présent aucune réglementation légale n'a été prescrite pour les expertises ordonnées dans les affaires ordinaires.

Ces dernières ne sont donc soumises qu'à certaines règles consacrées par l'usage et aux principes généraux de droit commun, contenus dans les articles 303 et suivant, du Code de procédure civile.

Ce n'est, toutefois, que par analogie et par à peu près que les tribunaux administratifs les appliquent, car ils ne sont pas obligés de le faire.

Cependant, comme ces articles sont pour la plupart observés; que les formalités qu'ils indiquent sont d'un précieux secours pour les conseils de préfecture, nous croyons utile d'analyser sommairement l'ensemble de leurs dispositions afin d'en dégager les principes qui doivent trouver une application actuelle aux matières administratives.

DES RÈGLES PRESCRITES POUR LES EXPERTISES

EN MATIÈRE CIVILE.

(Art. 302 à 323 du Code de procédure.)

21. — C'est la loi du 14 avril 1806, formant le titre XIV de la 1re partie, livre 2 du Code de procédure, qui a réglé l'expertise en matière civile.

Cette loi a eu pour but d'indiquer, suivant les expressions de Treilhard, « une marche simple, peu dispendieuse et qui conduise au but qu'on doit se proposer, *c'est-à-dire à la pleine instruction du juge*, sans cependant accabler le plaideur sous des frais inutiles. »

A ce point de vue elle répond aux exigences de la procédure administrative et se prête singulièrement à ses allures rapides.

22. — Les règles à suivre sont contenues dans les articles 302 et suivants, dont voici l'analyse :

Lorsqu'il y a lieu à expertise, elle est ordonnée par un jugement qui en énonce clairement l'objet.

La loi veut que les parties aient toujours la faculté de convenir du choix des experts.

En conséquence :

Est nulle, la décision qui, en matière d'expertise désigne des experts sans réserver aux parties la faculté de les choisir elles-mêmes dans un délai déterminé.

Est également nulle la décision qui, lorsqu'une expertise est requise par les parties ou l'une d'elles, nomme un seul expert, sans que les parties aient déclaré consentir à ce 'qu'elle fût confiée à moins de trois experts.

(Cour de cassation. — Chambre civile. — Arrêt du 20 novembre 1866.)

23. — Dans les matières où elle est prescrite, elle ne peut se faire que par *trois experts*, à moins que les parties ne consentent qu'il soit procédé par un seul.

Les parties peuvent nommer les experts d'accord, soit lors du jugement qui ordonne l'expertise, soit trois jours après qu'il leur aura été signifié.

Mais l'obligation de désigner trois experts ne reçoit son application que lorsque l'expertise est prescrite par la loi, ou demandée par les parties, et non lorsqu'elle est ordonnée d'office par le juge.

Celui-ci peut, dans ce cas, ne désigner qu'un expert (arrêts de la Cour de Cassation des 15 juillet 1861, 10 novembre 1868, 19 avril 1870, 14 mai 1870 et 14 mai 1872).

24. — Les experts doivent prêter serment devant le juge-commissaire, ou le juge de paix du canton, à peine de nullité ; *les parties peuvent les dispenser de cette formalité.*

Il n'est pas nécessaire que celles-ci assistent à la prestation du serment lorsqu'il a lieu.

25. — Les experts peuvent être récusés par les motifs pour lesquels les témoins peuvent être reprochés.

L'article 309, qui est ici applicable, indiquant que les experts peuvent être récusés pour les mêmes motifs qui empêchent les témoins d'être entendus, il résulte de la combinaison de cet article avec l'article 283 du même Code, qu'on peut récuser comme experts :

Les parents ou alliés de l'une ou de l'autre des parties, jusqu'au degré de cousin issu de germain inclusivement ;

Les parents et alliés des conjoints au degré ci-dessus, si le conjoint est vivant ou si la partie ou le témoin en a des enfants vivants ;

Les parents et alliés en ligne directe, les frères, beaux-frères, sœurs et belles-sœurs, si le conjoint est décédé ;

L'héritier présomptif ou donataire ;

Celui qui a bu et mangé avec la partie et à ses frais ;

Celui qui a donné des certificats sur les faits relatifs au procès, les serviteurs et domestiques, celui en état d'accusation, celui qui a été condamné à une peine afflictive ou infamante, ou même à une peine correctionnelle pour cause de vol (art. 283, Code de procédure).

Toutes les personnes qui se trouvent dans un des

cas qui précèdent, les faits étant prouvés, doivent être récusés par le tribunal sur la demande des parties.

A ce point de vue là, l'art. 283 est *impératif*, en ce sens que toutes les fois que les motifs de récusation sont établis, le conseil *est forcé de la prononcer* hic et nunc.

On s'est demandé s'il était *limitatif* ou simplement *énonciatif*.

La question, quoique très controversée, nous paraît devoir être résolue dans le dernier sens.

La loi a indiqué les cas principaux dans lesquels il y avait lieu à récusation, mais elle a laissé toute liberté au juge pour apprécier les circonstances analogues qui, quoique non prévues — parce qu'il est impossible de tout prévoir, — peuvent donner lieu à une demande de récusation.

Et on ne comprendrait pas pourquoi dans des cas identiques à ceux indiqués par la loi, la récusation ne serait pas prononcée.

A notre avis, il ne faut voir dans l'article 283 qu'une simple *indication* n'ayant rien de limitatif, mais s'appliquant, au contraire, à tous les cas similaires, que le législateur n'a pu ni voulu prévoir.

Supposons, par exemple, qu'une partie apprenne que l'expert nommé par l'adversaire ou même le tribunal, soit associé ou ait un intérêt occulte, dans l'opération de celui qui l'a nommé et qui fait l'objet des débats.

Est-il douteux que cette situation étant prouvée, la récusation de l'expert doive être prononcée?

Évidemment non.

Il faut donc consulter l'esprit et non la lettre de la loi et dire que ce qu'elle a voulu c'est que l'expert soit avant tout désintéressé et que son avis ne puisse être entaché de partialité, car alors il est bien évident que le juge ne serait pas éclairé par l'avis exprimé, mais que sa religion pourrait être surprise et que son jugement pécherait entièrement par la base.

26. — Le procès-verbal de prestation de serment doit contenir l'indication par les experts du lieu, des jour et heure où ils feront leurs opérations. Si les parties sont présentes, cette indication équivaut à une sommation d'y assister, si elles sont absentes, elles doivent être sommées de s'y trouver.

27. — Les experts sont libres d'accepter ou de refuser leurs fonctions, mais jusqu'à la prestation de serment seulement.

S'ils ne vaquent pas après avoir prêté serment, ils peuvent être condamnés à tous les frais faits, et même à des dommages et intérêts.

En cas de refus tacite ou formel de sa mission, par un expert, les parties en nomment un autre sur le champ, sinon le tribunal le nomme d'office.

28. — La copie du jugement qui ordonne l'expertise

et les pièces produites sont remises aux experts pendant les opérations.

29. — Les parties peuvent faire tels dires ou réquisitions qu'elles jugent convenables; mention en est faite dans le rapport.

30. — Le rapport est rédigé sur le lieu contentieux, ou dans le lieu et aux heures qui sont indiqués par les experts.

Cette disposition, insérée dans l'art. 317, n'est pas édictée à peine de nullité, car il ne s'agit pas là *d'une formalité substantielle*; mais il faut toujours que les parties soient mises en demeure d'une manière quelconque de présenter leurs observations.

C'est là ce que la loi a voulu. Aussi la jurisprudence décide-t-elle que l'omission de la formalité prescrite par l'art. 317 n'entraîne la nullité de l'expertise qu'autant qu'elle a eu pour conséquence de priver les parties des garanties que la loi leur accorde.

31.—Les opérations terminées, les experts dressent un seul rapport, écrit par un des experts et signé par tous, ou s'ils ne savent pas tous signer, écrit et signé par le greffier de la justice de paix du lieu où ils ont procédé.

Ce rapport ne contient qu'un seul avis formé à la pluralité des voix en cas d'accord.

En cas d'avis différents, il indique les motifs des

divers avis sans fair onnaître l'avis personnel de chacun d'eux.

32. — La minute du rapport est déposée au greffe
du tribunal qui a ordonné l'expertise.

33.—Copie du rapport est levée et signifiée à l'avoué
de l'adversaire par la partie la plus diligente.

Puis l'audience, où le rapport doit être discuté, est
poursuivie par un simple acte.

34. — Les juges peuvent toujours ordonner d'office
une nouvelle expertise s'ils ne trouvent pas dans le rapport des éclaircissements suffisants.

Ils ont le droit de nommer un ou plusieurs experts,
même d'office; ceux-ci peuvent demander aux premiers
experts les renseignements qui leur paraissent utiles.

35.—A la différence de l'ancien droit —antérieur à
l'ordonnance de 1667, — dans notre droit nouveau, le
rapport des experts ne lie pas les juges.

Ils ne sont donc pas astreints à suivre l'avis exprimé
si leur conviction s'y oppose.

Ils ont, au contraire, toute latitude pour n'en tenir
aucun compte et choisir une opinion absolument oppo-
sée à celle du rapport.

Comme on le voit, toutes ces formalités très simples
et très logiques vont droit au but indiqué, l'*instruction*
du *juge* et l'*économie*.

Laissant aux parties la liberté de les simplifier encore, tout en préservant les droits engagés dans le débat, elles mènent promptement à la solution.

De plus, par une innovation heureuse apportée à la procédure de l'ordonnance de 1667, le législateur de 1806 a, par la prescription de l'art. 303, évité le désaccord qui se produit trop souvent dans les expertises et, par suite, toutes les lenteurs qu'il entraîne.

DES EXPERTISES EN DROIT ADMINISTRATIF

DIFFÉRENTES ESPÈCES D'EXPERTISES.

36. — Il y a en droit administratif deux sortes d'expertises :

L'expertise *ordinaire* ou *facultative*, et l'expertise *légale* ou *obligatoire*.

37. — *La première* purement *volontaire* est un véritable complément d'instruction laissé à la disposition du juge, comme un moyen de s'éclairer, dans toutes les matières ordinaires et qu'il peut aussi bien ordonner *d'office* ou *d'accord avec les parties* dans les litiges où il en reconnaît l'utilité, que refuser quand elle est demandée ; toute latitude lui étant laissée à ce sujet.

38. — *La seconde*, absolument spéciale, édictée seulement pour certains cas déterminés par une législation exceptionnelle, *est forcée*. La loi l'impose au juge qui doit l'ordonner dans toutes les contestations où elle est prescrite. De là son nom *d'expertise obligatoire*.

39. — Étant donné leurs deux caractères bien tranchés, il est impossible de confondre ces deux espèces d'expertises.

Mais il est plus difficile d'en indiquer sommairement les formes.

Suivant les cas, les formalités auxquelles elles sont soumises varient.

Cependant deux règles fondamentales sont à observer en cette matière.

La première est que : « *Pour tous les cas prévus, il faut suivre les lois spéciales* qui les régissent. »

Et la seconde que : « Pour tous les autres cas, c'est-à-dire pour tous ceux, qui ne sont réglementés par aucune loi particulière, on doit se *conformer autant que possible aux prescriptions du Code de procédure, en les* SIM- PLIFIANT. »

Ainsi, comme nous le verrons plus loin, il faut : pour les expertises ordonnées en *matière de dommages causés par l'exécution des travaux publics* appliquer les art. 56 et 57 de la loi du 16 sept. 1807 et 17 de la loi de 1836, le règlement du 21 juillet 1854 et le décret du 8 février 1868 indiquant les formes de procédure à suivre ; et pour les cas qu'aucune loi spéciale n'a visés, observer, autant que faire se peut, les prescriptions des art. 302 et suivants du *Code de procédure civile* en les conciliant avec les formes et les usages administratifs.

Nous allons examiner les diverses espèces d'exper- tises qui peuvent être ordonnées en matière de travaux publics.

DES EXPERTISES ORDINAIRES OU FACULTATIVES.

Avant la loi du 21 juin 1865 et le décret du 12 juillet 1865, les préfets pouvaient ordonner des expertises. Il n'en est plus ainsi aujourd'hui.

40. — En matière ordinaire, c'est-à-dire *dans tous les cas non réglés par une loi spéciale*, l'expertise est le moyen d'instruction le plus souvent employé, avec juste raison, par les conseils de préfecture.

Elle leur est surtout précieuse dans les questions techniques, souvent d'une importance considérable, qu'ils ont journellement à résoudre.

41.—Aussi la plus entière liberté leur est-elle laissée pour l'ordonner ou la refuser, de là son nom de *facultative*, puisqu'elle ne constitue pas comme l'expertise obligatoire une formalité indispensable (arrêts des 15 décembre 1846 et 22 décembre 1869).

Rien de plus logique, du reste, que la latitude illimitée qui leur est laissée en ces matières.

Qui mieux que le juge, en effet, peut savoir : quels renseignements lui sont nécessaires pour fixer son opinion ? Quel est, par suite, le meilleur moyen de les obtenir ?

C'est donc à lui qu'il appartient d'apprécier souverainement l'opportunité de cette mesure, par suite, d'en user toutes les fois qu'elle lui paraît utile.

42.—Cependant on s'est demandé si les conseils de préfecture pouvaient ordonner d'office des expertises en matière ordinaire, spécialement en cas de contestation entre l'administration et l'entrepreneur.

C'était demander si le juge peut s'éclairer par les moyens d'instruction que lui donne la loi ordinaire. Aussi dès 1820, le Conseil d'Etat, affirma-t-il le droit absolu des conseils de préfecture d'ordonner l'expertise dans les litiges ordinaires (arrêts des 2 juillet 1820; 19 janv. 1825; 18 janv. 1831 ; 20 déc. 1830) et depuis aucune difficulté sur ce point n'a-t-elle été soulevée, tous les auteurs étant, du reste, unanimes sur ce point (Cormenin, Chevalier, Dufour, Lefebvre, Aucoc, Chauveau, Christophe, etc.).

43.—Par matières ordinaires, il faut entendre celles qui, à la différence des matières exceptionnelles, ne sont réglementées par aucune loi.

Parmi les matières ordinaires, il faut ranger les contestations qui s'élèvent entre les entrepreneurs de travaux publics et l'administration sur l'interprétation de leur marché et dont la connaissance appartient aux tribunaux administratifs aux termes de l'art. 4 du titre II de la loi du 28 pluviôse an VIII (17 fév. 1800), ainsi conçu :

« Art. 4. — Le conseil de préfecture prononcera :

sur les difficultés qui pourraient s'élever entre les entrepreneurs de travaux publics et l'administration concernant le *sens* ou l'*exécution* des clauses de leurs marchés. »

44. — Le conseil de préfecture *du département dans lequel sont exécutés les travaux* (arrêt du 20 nov. 1816), à moins qu'une des clauses du marché n'attribue à un autre conseil de préfecture, l'appréciation des difficultés à naître (arrêt du 20 août 1847), est donc compétent toutes les fois que des contestations s'élèvent entre l'entrepreneur d'une part et l'administration de l'autre sur l'application du contrat; l'entreprise ayant du reste pour objet des travaux publics, c'est-à-dire des travaux exécutés aux frais :

De l'État ;

Des départements ;

Des communes ou villes ;

Des établissements publics,

Ou des associations syndicales autorisées ;

Et *faits dans un but d'utilité publique.*

45. — Il connaît donc de toutes les difficultés qui peuvent naître sur le sens et l'exécution des marchés passés, par exemple, pour la construction :

D'un fort, ordonné par l'État ;

D'un édifice élevé aux frais du département ;

D'un chemin vicinal voté par une commune ;

D'un hôpital fondé par un établissement public ;

D'un aqueduc pour un abattoir (Cassation, 27 février 1872).

C'est ce qu'a décidé la Cour de cassation, elle-même, par un arrêt de la chambre civile du 12 juillet 1871, déclarant que la disposition de la loi du 28 pluviôse an VIII, attribuant au conseil de préfecture la connaissance des contestations entre l'administration et l'entrepreneur, *comprend tout litige concernant le règlement définitif des travaux.*

46. — Mais il faut, pour que la compétence soit certaine, que les travaux soient *commandés par l'administration* ou un établissement public, et soient *faits dans l'intérêt public.*

Si un de ces éléments manque, le conseil de préfecture cesse d'être compétent.

Il en est ainsi, par exemple : si un particulier commande des travaux, même dans un but d'utilité publique ; si un maire fait faire des travaux non votés et approuvés par le conseil municipal ;

Si une commune fait exécuter des travaux dans ses biens particuliers, appelés patrimoniaux par la loi du 10 juin 1792, ou sur un terrain affermé ou exploité par elle (Cassation, 15 avril 1872).

C'est également l'autorité judiciaire et non le conseil de préfecture qui est compétent, pour connaître : d'une demande en indemnité formée contre une compagnie de desséchement de marais, lorsque le dommage est causé par des travaux faits dans l'intérêt privé de la compagnie pour l'arrosage de certains terrains (Conseil d'État, arrêt du 6 mars 1872);

De la demande d'un usinier pour dommages, résultant d'une prise d'eau établie par une compagnie de chemin de fer, même avec l'autorisation de l'administration (Cassation, 12 février 1868).

47. — La compétence étant d'ordre public, il n'est pas permis d'y déroger.

L'entrepreneur ne peut donc pas y renoncer.

Il en résulte, qu'il faut considérer comme radicalement nulle, la clause d'un marché par laquelle :

L'entrepreneur déclare soumettre à un directeur des travaux les règlements de comptes et renonce à s'adresser au conseil de préfecture en cas de difficultés (arrêt du 31 août 1849);

Soumet à l'appréciation d'arbitres toutes les contestations à naître (arrêt du 11 janvier 1833);

Déclare attribuer à la juridiction civile la connaissance des questions de la compétence des tribunaux administratifs (arrêt du 18 juin 1852);

Soumet au ministre, sauf recours au Conseil d'État, des contestations du ressort des conseils de préfecture (17 mai 1855).

48. — Ajoutons, de plus, qu'il résulte du texte de la loi, du 28 pluviôse an VIII, que le conseil de préfecture ne connaît que des contestations qui peuvent survenir *entre l'administration et les entrepreneurs.*

49. — Les tribunaux civils restent compétents pour toutes les difficultés qui s'élèvent entre un entrepreneur et des *tiers*, à l'occasion des marchés de travaux publics, comme par exemple, s'il s'agit :

De règlement de compte entre l'entrepreneur et son associé (arrêt du 2 février 1854) ;

De délégations sur les sommes à recevoir par l'entreprise ;

De paiements de fournitures (7 mai 1857) ;

D'avances faites à l'entreprise (19 janvier 1854) ;

De réclamations d'un agent, salarié par l'entreprise (17 mars 1859) ;

De contestations entre l'entrepreneur et un sous-traitant (19 mars 1873) ;

En un mot, de conventions ou d'obligations existant *en dehors* de l'administration, de telle sorte, qu'en cas de condamnation celle-ci ne puisse être atteinte ni recherchée (arrêt du 23 juin 1873).

DES RÈGLES A OBSERVER POUR LES EXPERTISES ORDINAIRES.

———

50. — Aucune loi ne réglemente encore les expertises ordinaires.

Aussi, les règles observées actuellement résultent-elles de l'usage, de la combinaison des diverses lois de droit commun, entre elles, et surtout de l'assimilation, par analogie, de l'*expertise administrative* à l'*expertise civile*.

51. — Dans la pratique, ce sont les dispositions du titre XIV du Code de procédure civile, que nous avons résumées plus haut, qui sont le plus fréquemment suivies, quoiqu'elles ne *soient pas obligatoires* ; les conseils de préfecture n'étant pas tenus de les appliquer strictement.

Ceux-ci ne doivent pas moins s'en rapprocher le plus possible comme de règles *justes et convenables*, répondant parfaitement aux nécessités de leur juridiction, avant tout rapide et économique.

La tendance des tribunaux administratifs à se les assimiler chaque jour davantage est du reste évidente.

Il est facile de prévoir que si une réglementation impérieusement réclamée et déjà promise par la loi du 21 juillet 1865 ne vient pas généraliser l'application du Code de procédure civile, l'usage l'imposera bientôt.

52. — Mais nous devons constater que la plus grande divergence s'est produite à ce sujet dans les décisions du Conseil d'État.

Après avoir décidé, dans de nombreux arrêts, qu'en matière d'expertise ordinaire l'article 56 de la loi du 16 septembre 1807 était inapplicable, et que les conseils de préfecture devaient appliquer les règles édictées par les articles 303 et 305 du Code de procédure civile en tout ou en partie (arrêts des 8 août 1847, 18 déc. 1848, 25 août 1849; 26 mars 1850; 9 déc. 1852), il a, dans un arrêt du 18 mai 1854, posé nettement le principe adopté par la plupart des auteurs (Chauveau, Dufour, Chevalier, Dalloz, Aucoc, Batbie, Demolombe, Christophe) : qu'en l'absence de loi spéciale, il y a lieu d'appliquer le droit commun et d'observer les formes ordinaires.

Voici les termes de cette décision :

« Considérant que le conseil de préfecture, en ordonnant qu'il serait procédé à une expertise, *ne pouvait s'écarter* des règles établies pour la nomination des experts, par les art. 303 et 305, § du Code de procédure civile. »

Quelques années après, il a rendu deux arrêts, contredisant absolument la décision précédente et qui sont ainsi conçus :

« Considérant *qu'aucune disposition législative ne pre-*

scrit aux conseils de préfecture *l'observation des formalités* indiquées par les art. 303 et 318 du Code de procédure civile » (arrêt du 10 avril 1860).

« Considérant qu'*aucune loi ne prescrit* aux conseils de préfecture, lorsqu'ils jugent nécessaire d'ordonner une expertise, de faire procéder par *trois experts* nommés conformément aux art. 302 et suivants du Code de procédure civile » (3 juin 1860).

Enfin deux arrêts du Conseil d'Etat, revenant au principe posé dans celui du 18 mai 1854, ont déclaré que dans les contestations où une expertise est reconnue nécessaire, bien qu'aucune loi ne la rende obligatoire, les conseils de préfecture ne peuvent s'affranchir des prescriptions légales pour la nomination des experts (arrêt du 5 déc. 1860).

Toutes ces variations ne justifient que trop ce qu'a dit à ce propos M. Reverchon.

« En présence de ces divergences, grand doit être l'embarras des conseils de préfecture et de leurs justiciables. Un jour, on leur dit qu'il leur est interdit de s'affranchir des prescriptions du Code de procédure. Le lendemain, on leur enseigne qu'aucune loi ne les oblige à se conformer à ces mêmes prescriptions et l'on revient le surlendemain à la première proposition. »

53. — Dans l'état actuel de la jurisprudence, il faut constater que la tendance du Conseil d'Etat est de juger que le choix des experts appartient, en principe, aux parties et que le conseil de préfecture ne peut les dé-

signer d'office que si elles refusent ou négligent de le faire (arrêts des 10 nov. 1853, 28 déc. 1854, 5 déc. 1860, 21 janv. 1876).

Et il est évident que chaque jour il se rapproche des formalités édictées par les art. 302 et suivants du Code de procédure.

Il les a toujours appliquées pour le serment, il les a avec raison prescrites pendant longtemps pour la nomination des experts et après les avoir abandonnées, il y est revenu ; il les admet en partie pour la récusation ; le moment est prochain où il les appliquera en entier, si une loi ne vient pas, avant, les rendre obligatoires en matière administrative.

Cela résulte des arrêts postérieurs à celui du 5 déc. 1860, notamment de celui du 21 janv. 1876 qui nous paraît résumer et préciser sur ces points l'état de la jurisprudence et dont voici les termes.

« Considérant que si, dans le cours d'une instance, une expertise est reconnue nécessaire, bien qu'aucune loi ne la rende obligatoire, le conseil de préfecture *doit se conformer aux dispositions substantielles en matière d'expertise.* »

54. — Il en résulte, malgré toutes les variations du Conseil d'Etat, que les conseils de préfecture ont une pleine liberté des formes de nomination des experts, conformément, du reste, au caractère de l'expertise.

Il est en effet établi, que ce n'est qu'un acte d'instruction absolument facultatif ; que, par suite, ni la loi spéciale du 16 sept. 1807 ni les prescriptions du Code de procédure ne sont obligatoires (Arrêts des 8 août 1817 et 10 avril 1860).

Au juge donc qui décide qu'une expertise est utile d'indiquer dans quelle forme elle aura lieu.

55.—La conséquence logique est que, si les conseils de préfecture sont libres d'appliquer les formes qui leur conviennent, ils ont le droit de se conformer aux prescriptions du Code civil.—Et comme c'est là le droit commun, qu'il offre des avantages indiscutables qu'il sera certainement étendu un jour prochain aux tribunaux administratifs, nous pensons qu'ils doivent dans l'intérêt de la justice et des plaideurs, l'appliquer sans hésiter.

DES CAS OU IL Y A LIEU A EXPERTISES ORDINAIRES.

56. — Il résulte de ce qui précède qu'en matière ordinaire, l'expertise peut être ordonnée d'office par le conseil de préfecture ou demandée par les parties *dans tous les cas.*

Il en est ainsi surtout en matière d'entreprise de travaux publics.

57. — Toutes les fois donc qu'une difficulté naît entre l'administration et l'entrepreneur sur l'exécution, l'interprétation, l'application, ou à l'occasion d'un marché de travaux publics, le conseil de préfecture du département où les travaux s'exécutent peut ordonner l'expertise, ou les parties peuvent séparément, ou d'un commun accord, la demander.

Mais, encore une fois, il appartient au conseil de la prescrire ou de la refuser, lui seul restant juge de son opportunité ou de son inopportunité.

Ce principe clair et précis ne pouvant donner lieu en pratique à aucune difficulté, il suffit de l'énoncer.

MODE DE NOMINATION DES EXPERTS — NOMBRE.

58. — Le conseil de préfecture, saisi du litige, ordonne l'expertise s'il la juge utile, soit sur la demande des plaideurs ou de l'un d'eux, soit d'office, même malgré l'opposition des parties.

59. — A cet effet, il rend un arrêté mentionnant les conditions dans lesquelles il a lieu, afin que le caractère *interlocutoire* ou *préparatoire* de sa décision soit nettement indiqué — et de plus : énonçant le but de la mission confiée aux experts, posant bien les questions à résoudre, fixant les points à élucider, précisant enfin le mandat donné avec le plus de clarté possible.

Cela est d'autant plus utile que le choix des moyens appartenant à ces derniers, ils pourraient s'égarer si leur route n'était pas bien tracée d'avance.

60. — Il est d'usage à peu près général, soit que les parties aient demandées l'expertise d'accord, soit qu'une d'elles seulement la requière, soit qu'enfin le conseil l'ordonne d'office, de laisser aux plaideurs le soin de choisir chacun son expert et de n'en désigner d'office que sur leur refus, lorsqu'ils ont été mis en demeure.

61. — Le Conseil d'Etat a toujours décidé, en effet, que le choix des experts appartient d'abord et en principe aux parties et que ce n'est qu'à leur défaut que le conseil peut les nommer.

62. — Par suite, contrairement aux prescriptions de l'article 303 du Code de procédure civile, il n'y a habituellement que deux experts nommés.

Mais il n'en est pas moins vrai qu'actuellement, à défaut de prescriptions légales, les conseils de préfecture ont la plus entière liberté à cet égard ; qu'ils peuvent donc, sur leur propre initiative, d'accord avec les parties, ou même, dans certains cas, contrairement à leurs conclusions, nommer :

Deux experts ;

Trois experts ;

Ou même *un seul expert*.

63. — Dans tous ces cas, l'expertise n'en est pas moins valable et elle forme un élément parfaitement juridique de la décision (ordonnance du Conseil d'Etat du 15 mai 1835 ; arrêts des 10 avril 1860 et 13 juin 1860).

Et dans la pratique cette faculté est chaque jour consacrée.

64. — Mais une distinction est nécessaire.

Lorsque l'expertise est *demandée formellement* par les parties, celles-ci ayant le droit de choisir leurs experts, le conseil de préfecture doit :

Ou nommer deux experts désignés par les parties ou à leur défaut, choisis par lui ;

Ou nommer trois experts indiqués par les parties d'accord, ou choisis : deux par les plaideurs et le 3ᵉ par le conseil ;

Ou enfin nommer un seul expert avec le consentement des intéressés.

65. — Lorsque, au contraire, l'expertise est *prescrite d'office* par le conseil, celui-ci peut confier l'expertise, soit à un, soit à deux, soit à trois experts de son choix.

66. — Dans le premier cas il a, en effet, été décidé que le conseil de préfecture ne peut nommer un expert unique qu'autant que les parties y ont consenti (arrêt du 10 décembre 1857).

Les parties ont donc le droit de s'opposer à la nomition d'un seul expert même dans une expertise ordinaire (arrêt du 10 avril 1867).

« Le conseil de préfecture doit mettre les parties en demeure d'user de leur droit de désigner elles-mêmes leurs experts ou de s'entendre sur le choix de l'expert unique (arrêt déjà cité du 21 janvier 1876). »

67. — Et dans le second cas, qu'aucune loi ne réglemente, puisqu'il résulte des variations de la jurisprudence du Conseil d'Etat, qu'en matière ordinaire la loi du 16 septembre 1807 n'est pas applicable, et que l'application des art. 303 et suivants du Code de procédure est au moins facultative, le conseil a toute liberté.

En effet, il est bien évident que : 1° d'accord avec les parties, le conseil de préfecture pourra ordonner l'expertise sous la forme qui lui plaît, puisque, en supposant qu'il y ait une irrégularité, elle sera couverte par le consentement des parties (arrêts des 6 juill. 1851, 5 déc. 1860, 15 mai 1862, 26 mai 1864, 10 sept. 1864) ;

2° Lorsque, au contraire, l'expertise est ordonnée d'office, le conseil de préfecture peut opérer comme il l'entend et nommer le nombre d'experts qui lui convient, puisque, agissant contre le gré des parties, qui ne veulent pas d'expertise, il n'a pas à leur demander de fixer le nombre des experts ni de les choisir.

68. — Suivant nous, la meilleure voie à suivre en pratique, et celle que nous recommandons aux conseils de préfecture, consiste, — que l'expertise ait lieu d'accord ou d'office, — à laisser aux parties la faculté de désigner un ou trois experts ou d'en nommer chacun un, le troisième étant choisi par le conseil; et à désigner eux-mêmes les trois experts ou l'expert unique à défaut du concours des parties.

69. — Déjà, du reste, un certain nombre de conseils de préfecture, profitant de la latitude qui leur est laissée, mieux pénétrés de la nature de leurs attributions et se conformant davantage aux principes de célérité qui doivent dominer leur procédure nomment ainsi trois experts, et quelquefois un seul dans les affaires peu importantes, soit d'accord avec les parties, soit d'office.

Ceux-ci, il faut le proclamer, se rapprochent tout à fait des prescriptions de l'art. 303 du Code de procédure et s'assimilent avec raison la pensée du législateur, dont le but évident a été d'abréger la durée de l'expertise, de la faire aboutir définitivement dans le moins de temps possible, d'éviter surtout les lenteurs qu'entraînent le partage ainsi que la tierce-expertise, qui en est la suite.

70.—Avec les deux experts, nommés par la plupart des conseils de préfecture, qui s'inspirent bien plus de l'ancien droit et des lois d'exceptions des 16 sept. 1807 et 21 mai 1836, que des besoins actuels des plaideurs, il est rare qu'un accord s'établisse.

Il faut donc procéder à une tierce-expertise et, comme presque toujours, on ne peut s'entendre sur le choix de ce tiers, il faut recourir au conseil pour sa nomination.

De : là deux jugements, deux instructions, deux expertises ; l'expertise d'abord et la tierce-expertise ensuite, et encore le conseil peut n'en tenir aucun compte et recourir à une nouvelle expertise et même à d'autres moyens extraordinaires d'instruction.

Que de frais et de pertes de temps !

Or, ce sont ces lenteurs, ces pertes de temps que l'art. 303 a voulu éviter en imposant la nomination de trois experts ou d'un seul.

71.— En résumé, lorsqu'une expertise est ordonnée en matière ordinaire : ou bien les parties peuvent nommer ou être mises en demeure de nommer leurs experts, qui, en cas de refus, sont désignés par le conseil.

Ou bien le conseil de préfecture les nomme d'office au nombre qui lui paraît convenable.

72.— Les experts sont avisés de leur nomination et mis en demeure de procéder à leurs opérations, par la partie la plus diligente et au besoin par le conseil de préfecture lui-même.

RÉCUSATION. — MOTIFS.

73. — Les experts sont récusables en droit administratif comme en droit civil et suivant nous pour les mêmes causes.

74. — Mais il faut établir une distinction.

Les experts nommés d'office sont récusables d'une manière absolue et *à n'importe quel moment.*

Cependant un arrêt du 17 avril 1856 a décidé qu'une récusation ne pouvait pas être reçue après la rédaction et le dépôt du rapport par la partie qui a requis la prestation de serment de l'expert ; et deux autres des 14 août 1867 et 11 mai 1872 ont jugé que la partie qui, ayant connaissance d'un motif de récusation, n'a pas contesté la régularité de l'expertise devant le conseil de préfecture, ne peut plus l'invoquer devant le Conseil d'Etat.

Les experts choisis par les parties ne sont, au contraire, récusables que *pour des causes survenues depuis leur nomination* et ne peuvent être révoqués comme un avoué (arrêt du 18 juillet 1864).

75.—Cette différence s'explique tout naturellement.

Lorsque les experts sont nommés d'office, par conséquent imposés aux parties, on comprend que tous les moyens de protestation et, par suite, de récusation leur soient ouverts.

Lorsque, au contraire, elles ont elles-mêmes fait leur choix, elles ne peuvent revenir contre leur propre décision que si elles se sont trompées gravement sur la qualité des experts, c'est-à-dire si le fait qui se révèle est de telle nature qu'il leur aurait fait repousser l'expert nommé, si elle l'avait connu. Il y a eu dans ce cas une erreur ou une illusion qui vicie la nomination.

76.— Dans la pratique ces principes sont d'une application facile.

Il en est autrement en ce qui concerne les motifs de récusation.

77. — Nous avons indiqué plus haut (n° 25) les causes de récusation admises par le Code de procédure civile et indiquées impérativement par l'art. 283 de ce Code.

Les mêmes causes doivent-elles être admises en matières administratives ?

Nous n'hésitons pas à choisir l'affirmative.

78.—D'abord remarquons : que le Conseil d'Etat a décidé (arrêt du 15 juin 1818), que l'expert doit être récusé *lorsqu'il* est établi qu'il *a bu ou mangé avec une des parties* ou à ses frais ; que l'architecte d'une commune nommé expert par celle-ci est récusable (Chauveau,

t. 1, n. 378 *ter*), et que tous les auteurs sont d'accord qu'il en est de même lorsque l'expert est en état d'accusation, ou a subi une peine afflictive, infamante et même correctionnelle pour faits de vol.

79. — Ceci posé, il serait absolument illogique de ne pas accorder le même droit de récusation dans les cas indiqués par l'art. 383 du Code de procédure.

Le plus vulgaire bon sens serait choqué, que parce qu'un expert a pris un repas avec une partie et à ses frais, il fût récusé et qu'il n'en fût pas ainsi dans les autres cas prévus par la loi civile, par exemple, lorsqu'il est parent, héritier, serviteur ou domestique d'un des plaideurs, c'est-à-dire bien autrement intéressé, par suite, plus partial que celui qui n'a été que le commensal accidentel d'une des parties.

80. — L'opinion contraire ne supporte pas l'examen et blesse tous les principes d'équité et de raison.

« Le principe, dit M. Dufour (t. 1, p. 112, n. 121), qui a fait réserver à chaque partie le droit de signaler au juge civil comme indigne de sa confiance l'expert qu'il n'a choisi que dans l'ignorance des faits qui le rendaient suspect *tient de trop près à la nature de leur mission* pour qu'il n'en soit pas de même en matière administrative. »

81. — Nous pensons donc que, en matière administrative comme en matière civile, dans les cas de récusation admis par la jurisprudence et les auteurs, l'article 283 est applicable ; que, par suite, les parents, les héritiers, les serviteurs ou domestiques, des parties, — ceux qui ont donné des certificats relatifs au procès, etc., peuvent être récusés ; si bien que, tout arrêté du conseil de préfecture qui, un de ces cas étant établi, ne prononcerait pas la récusation de l'expert nommé pourrait être l'objet d'un recours au Conseil d'Etat et devrait être annulé.

82. — Nous allons encore plus loin. A notre avis, il en doit être de même dans tous les cas analogues, à ceux qui précèdent quoique non prévus par la loi ; l'art. 283 étant, comme nous l'avons dit, simplement énonciatif et non limitatif.

83. — Il faudrait donc adopter une solution identique si un des experts était : associé ou employé d'une des parties et même seulement intéressé dans l'opération donnant lieu au litige.

Il ne faut pas, en effet, demander l'impossible à l'humanité. Or, un intéressé, un associé, même un simple employé ne saurait hésiter entre son intérêt, ou la perte de sa position, et un tiers qu'il considère surtout comme un ennemi.

En tout cas, en supposant qu'il fasse son devoir et sacrifie stoïquement ses sympathies et même son intérêt à l'esprit de justice qui l'anime, il n'en sera pas moins soupçonné de partialité ; et s'il a sa conscience pour lui, il éveillera chez l'adversaire et même dans l'esprit des conseillers un sentiment de méfiance tout naturel qui détruira tout l'effet de son avis.

84. — Le mépris de ces principes conduirait, du reste, aux résultats les plus monstrueux et détournerait complètement l'expertise de son but qui est uniquement d'*éclairer* le juge.

85. — Cela est si vrai qu'à une époque où la jurisprudence du Conseil d'Etat était encore hésitante sur cette question, il est arrivé le fait suivant :

Une contestation qui s'était élevée entre l'*administration* et un *entrepreneur*, ayant été portée au conseil de préfecture, celui-ci ordonna une expertise laissant le choix des experts aux parties. L'administration désigna un conducteur attaché aux travaux, objet du procès. Sur le recours de l'entrepreneur, le Conseil d'Etat (arrêt du 11 août 1859) n'en valida pas moins ce choix balancé, croyait-il, par celui que pouvait faire à son tour l'entrepreneur.

Mais qu'arriva-t-il ? que le conseil de préfecture, après que les parties eurent nommé ainsi leurs experts en désigna un troisième en prenant pour tiers-expert *un autre conducteur de l'administration, employé dans la direction des travaux* sur lesquels roulait la contestation !

Et, sur un nouveau recours, le Conseil d'Etat (arrêt du 3 déc. 1859) maintint la nomination par cette considération véritablement inouïe « *qu'aucune disposition* de loi *n'interdisait* aux conseils de préfecture *de choisir* pour tiers expert un conducteur des ponts et chaussées ! »

Il faut avouer qu'avec de pareils éléments d'instruction, le conseil de préfecture dût être bien éclairé !

Le fait n'en est pas moins étrange et démontre jusqu'à l'absurde la nécessité de ne pas laisser dégénérer en licence la liberté laissée aux parties pour la nomination des experts, en même temps qu'elle prouve l'urgente nécessité d'une disposition légale moralisant l'expertise en rendant obligatoire le titre XIV du Code de procédure civile en matière administrative.

86. — En attendant, nous sommes convaincus que la jurisprudence n'hésiterait pas aujourd'hui à consacrer définitivement les principes que nous défendons et qu'enseignent les auteurs les plus autorisés, notamment Dalloz, Dufour, Delvincourt et Christophe.

87. — En cette matière il a été décidé que : une partie ne peut être désignée ou se désigner elle-même comme son expert (Chauveau);

Le mandataire chargé de suivre l'affaire devant le conseil de préfecture ne peut être nommé expert (arrêts des 31 août 1871 et 14 fév. 1872);

L'architecte d'une commune nommé expert, par cette commune, peut être récusé.

Mais les agents voyers surveillant les chemins vicinaux peuvent être nommés pour constater les dégradations extraordinaires commises sur ces chemins (arrêt du 7 sept. 1869).

88. — Disons en terminant que le préfet n'a pas le le droit de récuser les experts (arrêt du 31 août 1871).

C'est le conseil de préfecture qui statue sur les demandes de récusation.

REFUS OU DÉPORT DES EXPERTS.

89. — Les experts sont avertis de leur nomination et mis en demeure de remplir leur mandat par la partie la plus diligente.

La fonction d'expert est entièrement volontaire.

C'est un principe de droit commun.

Chacun est donc libre d'accepter ou de refuser la mission qui lui est confiée.

90. — Mais cette liberté cesse après la prestation de serment.

Ce n'est donc que jusqu'à ce moment que les experts nommés peuvent déclarer qu'ils ne veulent pas vaquer, soit tacitement, en n'allant pas prêter serment, soit expressément, en formulant un refus ou une excuse.

91. — Après la prestation de serment, les experts qui ne vaquent pas peuvent être condamnés à payer tous les frais frustratoires, c'est-à-dire tous ceux faits en vue et comme suite de leur nomination, et même à des dommages et intérêts à évaluer par le tribunal.

92. — Lorsqu'un expert refuse sa mission ou ne se présente pas, soit pour prêter serment, soit pour procéder à l'expertise, aux lieu, jour et heure indiqués, la partie qui l'avait désigné en nomme un autre. ou bien la nomination est faite d'office par le conseil.

93. — Si un des experts nommés vient à décéder dans le cours des opérations, il est procédé de la même manière à son remplacement (arrêt du 6 juillet 1854).

SERMENT.

—

94. — Les experts doivent prêter serment au jour indiqué par l'arrêté qui a ordonné l'expertise.

Cette formalité, prescrite pour toute espèce d'expertise administrative, doit être remplie à peine de nullité des opérations (arrêts du Conseil d'Etat des 13 août 1824, 31 oct. 1828, 31 août 1849, 26 mars 1850, 1er juin 1850, 10 janv. 1873).

Quoique l'importance du serment et son indispensabilité en expertise administrative aient été très discutées, on doit la tenir pour vraie.

95. — Mais *les parties* elles-mêmes *peuvent*, comme en matière civile, *en dispenser les experts*.

Cela résulte de l'arrêt du Conseil d'Etat du 10 janv. 1873 décidant que les experts doivent, à peine de nullité, prêter serment, à moins que les parties aient consenti à ce que le serment ne soit pas prêté.

Ce point, depuis longtemps établi en droit civil, est aujourd'hui acquis pour les expertises administratives.

Il est tout simple que si les parties, confiantes dans la parfaite honorabilité des experts, jugent que la prestàtion de serment ne peut rien ajouter aux garanties que présente déjà leur caractère, celle formalité devient inutile, et comme elle n'est imposée par la loi que pour rassurer les plaideurs, ceux-ci ont parfaitement le droit d'y renoncer.

96. — Le serment peut être prêté, suivant les cas, devant :

Le conseil de préfecture,

Le préfet,

Le sous-préfet (arrêts des 19 mai 1835 et 7 avril 1859),

Le maire de la commune où doivent opérer les experts (arrêt du 18 janv. 1862),

Le juge de paix,

Ou un magistrat de l'ordre administratif, ou judiciaire, délégué à cet effet.

97. — C'est l'arrêté qui ordonne l'expertise qui indique qui doit recevoir le serment.

98. — Les parties peuvent assister à la prestation de serment, mais il est inutile de les sommer de le faire.

99. — Les experts indiquent le lieu, le jour et l'heure où ils commenceront leurs opérations. Le procès-verbal constatant leur serment en fait mention.

100. — Si les parties ne sont pas présentes, avis officieux leur en est donné.

101. — A partir de ce moment, les experts ne sont plus libres de se retirer.

102. — Lorsque les experts sont dispensés du serment, à défaut de procès-verbal, ils avisent les parties, par lettre, de l'époque et du lieu de leurs opérations.

C'est à cette date que se place l'ouverture de l'expertise.

DES DEVOIRS DES EXPERTS. — OPÉRATIONS.

103. — Le mandat de justice donné aux experts est tout tracé par l'arrêté qui constate leur nomination.

Ils ne doivent, par suite, jamais en perdre de vue les termes qui précisent et limitent leur mission.

104. — A partir de leur prestation de serment, ils sont de véritables délégués du Conseil de préfecture.

Ils doivent donc, dans l'accomplissement de la mission qui leur est confiée, apporter tout le calme et toute l'impartialité du juge et ne négliger rien de ce qui doit éclairer le débat.

105. — Lors même que chaque expert est désigné par une des parties, il ne s'ensuit pas, comme on le croit en général, qu'il soit chargé spécialement de défendre les intérêts de celui qui l'a nommé et par là même obligé de faire triompher sa cause.

Cette erreur trop commune, malheureusement souvent partagée par les experts eux-mêmes, a les plus fâcheuses conséquences.

Chaque expert, se considérant comme l'avocat des parties, arrive à l'examen du litige avec un parti-pris que rien ne peut vaincre, ne recherche plus la lumière,

se préoccupe simplement des avantages et des inconvénients qui peuvent résulter pour son client de telles ou
telles constatations et, quand il s'agit de déterminer
des sommes, fixe des chiffres dont la préméditation
ainsi que l'exagération, en plus ou en moins, sont
évidentes.

Il en résulte tout naturellement des tiraillements con-
tinuels dans deux sens diamétralement opposés, des
difficultés et des lenteurs de chaque instant, finalement
deux avis absolument contraires appuyés par des rapports qui sont de véritables plaidoiries pour chacune
des parties en différend.

106. — C'est là mal comprendre le caractère de
l'expert.

A partir de son entrée en fonctions, l'expert ne représente plus qu'une délégation des attributions du
Conseil, il devient en quelque sorte *impersonnel*, son
mandat est déterminé : *il doit rechercher la vérité*, éclairer
la conscience du juge, mettre à l'écart toutes questions
de personnes, toutes considérations de sympathies et
d'antipathies, oublier même quel est celui qui l'a désigné, ne plus voir enfin qu'une mission de confiance
à remplir, fondée sur ses connaissances techniques et
sa parfaite honorabilité.

Par conséquent, se préoccuper des intérêts de tel ou
tel, les défendre ou les blesser, c'est sortir du rôle de
l'expert, trahir le mandat donné, tromper la confiance
du Conseil en lui apportant, au lieu d'un avis éclairé et

désintéressé, un plaidoyer qui peut d'autant mieux troubler sa *conscience*, qu'il n'en soupçonne pas toujours la partialité.

On ne saurait trop insister sur ce point, les experts représentent le juge, en ont tous les droits et tous les devoirs, et doivent avant tout *faire la lumière* sur les questions qui leur sont posées.

Opérations.

107. — Quoique le choix des moyens d'instruction et de renseignements appartienne aux experts et qu'ils ne soient pas tenus de suivre les formalités prescrites au titre : *des expertises*, par le Code de procédure civile, puisque leur inobservation n'entraîne pas la nullité de leur rapport, ils sont prudents et sages en les suivant le plus près possible.

108. — Il est donc bon qu'ils se pénètrent des règles que nous avons analysées.

109. — Quoique le Conseil d'État ait décidé : qu'il n'y avait pas lieu de sommer les parties à assister au travail des experts (arrêts des 31 juill. 1862, 18 déc. 1862 et 13 juill. 1864) ;

Et qu'il n'y avait pas nullité de ce que les parties n'avaient pas été mises en demeure d'assister à l'expertise, si le procès-verbal de cette opération a été porté à leur connaissance (arrêt du 4 fév. 1869).

Nous croyons que dans la pratique les experts feront prudemment d'aviser les parties de l'ouverture de leurs opérations par lettres chargées et mieux par actes extra-judiciaires.

110. — Au jour fixé pour les opérations, les parties dûment avisées, et les experts porteurs de la copie en forme de l'arrêté qui les commet, se trouvent sur les lieux litigieux.

L'expertise commence à ce moment.

111. — Les experts donnent lecture de l'arrêté.

112. — Les parties fournissent toutes les explications à l'appui de leurs prétentions, ils font tous dires et réquisitions qui doivent être mentionnés au rapport, à moins qu'ils ne s'écartent des débats.

113. — Les experts vaquent, c'est-à-dire procèdent à toutes constatations, interrogations et auditions des témoins. Ils se procurent, en un mot, les renseignements qui leur paraissent utiles par tous les moyens à leur convenance.

114. — Si une première séance ne suffit pas pour terminer les opérations, la continuation est renvoyée à un autre jour. Mais chaque réunion doit être indiquée, ainsi que les lieux, jour et heure où il sera procédé.

Cette indication équivaut, pour les parties, à une sommation de se trouver à la nouvelle réunion.

115. — Ce jour arrivé, les opérations sont reprises et continuées, ou terminées.

116. — Les experts procèdent toujours ensemble, leurs opérations devant être communes.

Ils ne peuvent, en effet, à peine de nullité, accomplir séparément leur mission.

Cependant ils ont le droit, pour des détails accessoires, de charger l'un d'eux d'opérer des recherches; mais ils ne peuvent faire des constatations, entendre des témoins l'un sans l'autre.

Rapport.

117. — Les opérations terminées, les experts rédigent leur rapport, qui doit être *motivé*.

118. — Les motifs doivent être sérieux, — un rapport, qui se bornerait à adopter purement et simplement les motifs donnés par l'administration, pourrait être argué de nullité (arrêts des 27 fév., 20 juin, 17 juill. et 12 août 1861).

119. — Cette rédaction est secrète.

120. — Le rapport, aux termes de la loi, doit être fait et *rédigé* sur les lieux contentieux *ou bien* dans les *lieu, jour et heure qui sont indiqués.*

Cela ne veut pas dire qu'il doit être dressé sur les

lieux mêmes, mais simplement *qu'autant que faire se peut* il est fait sur les lieux litigieux, ou à un jour désigné, dans un autre endroit *également désigné.*

La loi a voulu ainsi permettre aux parties de fournir aux experts leurs dernières observations avant la clôture de l'opération.

Ce but est parfaitement atteint par la désignation du jour, de l'heure et du local où doit être confectionné le rapport.

121. — C'est une étrange erreur, dont cependant on a vu de récents exemples, que de croire que les experts sont forcés de formuler leur avis sur le terrain même des constatations, et que dans le cas où ils agissent autrement il y a vice de forme.

122. — La latitude formelle laissée aux experts à ce sujet est si nettement mentionnée dans l'art. 317 du Code de procédure civile, que son interprétation ne fait même plus question pour les expertises ordonnées par les tribunaux civils.

123. — La jurisprudence des Cours d'appel et de la Cour de cassation est constante sur ce point.

« La disposition de l'art. 317, Code de procédure civile, prescrivant aux experts de rédiger leur rapport sur le lieu contentieux ou d'indiquer le lieu, le jour et l'heure où ils le rédigeront, n'est pas édictée à peine de nullité; il ne s'agit pas là *d'une formalité substantielle,* surtout lorsque les parties ont été mises en demeure de présenter leurs observations « (Cour de Poitiers, arrêt du 25 nov. 1872).

124. — Cette formalité n'a d'autre but que de conserver aux parties les garanties que la loi leur accorde, c'est-à-dire le droit de présenter leurs observations.

Son inobservation est donc sans importance toutes les fois que les intéressés ont été avisés ou mis en mesure de faire entendre leurs moyens de défense.

125. — Ce que la loi a voulu, c'est que l'expertise fût faite, à peine de nullité, en présence des parties ou de leurs représentants ou tout au moins elles dûment appelées (arrêts des Cours de Rennes, 2 mai 1861 ; d'Orléans, 30 déc. 1865 ; d'Angers, 10 nov. 1869 ; de Paris, 18 juin 1870).

Et la Cour de cassation a, avec raison, souverainement décidé que la disposition de l'art. 317 du Code de procédure civile qui enjoint d'indiquer les lieu, jour et heure où sera rédigé le rapport, *n'est pas à peine de nullité*. Dans tous les cas, la nullité est couverte par la présence et le concours des parties aux opérations de l'expertise.

126. — En droit administratif où les prescriptions du Code de procédure ne sont pas obligatoires, la question est encore plus nettement tranchée.

127. — L'art. 317 appliqué aux expertises ordonnées par les conseils de préfecture, *veut dire seulement qu'autant que possible le rapport sera fait sur le lieu des opérations ou à un jour désigné pour que les parties puissent fournir leurs dernières observations.*

La jurisprudence du Conseil d'Etat en ce sens est constante.

127 bis.—Lorsque les experts se sont mis d'accord, c'est-à-dire partagent le même avis, ils dressent leur rapport.

128. — Le rapport doit contenir la date de l'arrêté ordonnant l'expertise, l'analyse du mandat donné aux experts, la mention de la prestation de serment et du jour fixé pour procéder aux opérations, les observations présentées par les parties, l'exposé des opérations, et enfin l'avis des experts, avec les motifs sur lesquels il repose.

C'est donc à la fois un procès-verbal de tout ce qui s'est passé pendant l'expertise et l'opinion motivée des experts sur les questions posées.

129. — Il doit être signé par tous les experts. Si ceux-ci ne savent pas signer, il est écrit et signé par le greffier de la justice de paix du lieu où il est procédé.

130. — En cas de discord, c'est-à-dire si les avis sont opposés, chacun des experts donne son opinion motivée et la signe.

131. — Un seul rapport contenant les avis séparés et signés de chaque expert est habituellement dressé.

132. — Mais il peut être fait deux rapports séparés, exprimant chacun l'avis de l'expert qui le dresse.

Les prescriptions de l'article 318, C, proc., ne sont que de simples indications et les experts ne sont pas tenus de les suivre à la lettre.

La seule sanction de ces formalités consiste dans la faculté laissée au Conseil de préfecture, d'ordonner une seconde expertise si la première ne lui paraît pas suffisante ou régulière.

Dépôt.

133. — Si le rapport est rédigé d'accord et constate que les experts partagent le même avis, la minute est déposée au greffe du Conseil.

Le dépôt du rapport termine la mission des experts.

134. — Chaque partie peut en prendre communication et même copie à ses frais.

Puis l'affaire est portée à l'audience.

Devant certains conseils de préfecture il est d'usage que le demandeur assigne le défendeur en ouverture du rapport.

Mais ce n'est pas là une formalité obligatoire.

Des effets du rapport.

135. — Le rapport des experts ne lie pas le juge ; c'est un principe posé dans l'ordonnance de 1667 et dans l'art. 325 du Code de procédure civile et consacré par la jurisprudence.

Il peut donc suivre ou rejeter l'avis de l'expert à sa guise, suivant sa conviction.

136. — Et c'est là ce qui différencie le juge, *souverain appréciateur*, de l'expert, *simple conseil* que l'ancien droit regardait à tort comme un véritable *juge du fait*, liant péremptoirement le tribunal qui l'avait nommé.

137. — Le juge reste donc libre avant comme après l'expertise.

Celle-ci est un renseignement nouveau, mais n'a pas d'autre valeur que celle d'une opinion motivée et émanant d'hommes compétents.

Le Conseil peut donc en accepter les conclusions, les rejeter, les appliquer en partie, en un mot, en tenir le compte qu'il juge à propos en puisant la base de ses décisions où il lui plaît (arrêts du 18 juill. 1821, 19 janv. 1825, 4 juill. 1845, 19 mars 1849, 1er juin 1849).

Il lui est loisible de rendre son jugement contre l'avis des experts, d'arbitrer une somme plus forte que celle que ceux-ci ont fixée, de préférer une enquête à l'experlise, d'ordonner ou de ne pas ordonner une nouvelle expertise.

138. —Il n'a même pas besoin dans son jugement de combattre l'avis des experts, il suffit que, conformément aux prescriptions de droit commun, l'arrêté soit motivé.

139. — Le rapport des experts ne lie pas davantage les parties.

Il laisse la défense entièrement libre.

140. Les plaideurs ont donc le droit de le soutenir ou de le combattre, en un mot, de le discuter comme tous les autres documents du procès.

DE L'EXPERTISE NOUVELLE.

141. — Les tribunaux administratifs, comme les tribunaux civils, ont toute latitude pour refuser ou pour ordonner une nouvelle expertise en matière ordinaire, à l'opposé de ce qui passe pour les matières spéciales (arrêts des 18 juill. 1821 et 7 déc. 1850).

Car, comme nous le verrons plus loin, dans les cas spéciaux, par exemple, s'il s'agit d'une indemnité demandée par un propriétaire pour dommage, si l'expertise est mal faite, le conseil doit *en ordonner* une nouvelle et ne peut pas arbitrer lui-même le chiffre de l'indemnité.

142. — L'expertise nouvelle peut être ordonnée : lorsque le rapport présente des vices de forme ou des signes de partialité ;

Lorsqu'elle ne répond pas au mandat donné par le jugement ou est incomplète ;

Lorsque les vérifications ne sont pas suffisantes ;

Lorsque de nouveaux faits, intéressant le fond du litige, se sont révélés ;

Lorsque les parties la demandent ;

Lorsqu'enfin le conseil la juge utile.

Il a été jugé, en effet, qu'une nouvelle expertise

pouvait être ordonnée même quand la première est régulière et fait partie de l'instruction (arrêt du 3 juill.
1861).

143. — En ces matières, il a un pouvoir discrétion-
naire.

C'est lui-même qui nomme les nouveaux experts.
Il est libre d'en nommer *un* ou *plusieurs en nombre pair*
ou *impair*, même lorsque le premier rapport a été dressé
par trois experts.

144. — Le nombre impair est cependant toujours
préférable.

145. — Il peut même, d'après la jurisprudence,
renommer les premiers experts s'il le juge à propos
(arrêt du 10 mars 1805).

146. — La procédure à suivre pour la nouvelle
expertise est identiquement la même que celle qui
réglemente la première expertise.

147. — Les nouveaux experts doivent donc prêter
serment, à moins de dispense de la part des parties.

148. — Cependant, si les mêmes experts renommés
n'ont pour mission que d'expliquer ou d'éclaircir le
premier rapport, de combler une lacune ou de réparer
une erreur il est inutile qu'ils prêtent un nouveau serment.

149. — Ils peuvent être récusés pour les mêmes causes.

150. — Les nouveaux experts convoquent les parties, les entendent, procèdent en un mot comme les premiers experts pour remplir leur mandat.

151. — Lorsque, après un expertise, le conseil de préfecture veut faire faire simplement la vérification d'un point litigieux, il peut confier cette mission à l'architecte du département ou au tiers expert seul (14 fév. 1865).

DE LA TIERCE EXPERTISE EN MATIÈRE ORDINAIRE.

152. — Lorsque le rapport constate que les deux experts sont d'avis différents, que par suite le discord existe, si le conseil le juge à propos, il est procédé à la *tierce expertise*.

153. — La tierce expertise est en effet *facultative*.

L'expertise n'étant qu'un moyen d'instruction, dont le juge tient ou ne tient pas compte, il est évident que s'il trouve dans les rapports, même contradictoires, des premiers experts, des éléments suffisants de conviction, il ne peut être obligé à avoir recours à une tierce expertise, qui aurait pour résultat d'entraîner des retards et des frais inutiles.

154. — Mais toute tierce expertise suppose une expertise.

Aussi, est nul un arrêté basé sur l'avis d'un tiers expert, sans qu'il y ait eu expertise (6 déc. 1811).

Tandis que, lorsque les parties, après avoir désigné leurs experts, ont ensuite nommé un tiers expert qui a procédé en même temps qu'eux, l'expertise est régulière (arrêt du 24 mai 1851).

Est également nul l'arrêté qui, lorsque les deux experts nommés par les parties sont d'accord sur le fait, mais contraires sur l'évaluation du dommage, ordonne une nouvelle expertise, car c'est une tierce expertise qu'il aurait dû prescrire (arrêt du 12 juill. 1861).

155. — Si le conseil de préfecture juge qu'il y a lieu à tierce-expertise, il nomme le tiers expert. Cette nomination lui appartient exclusivement. Il choisit qui lui plaît.

156. — Cependant les mêmes motifs de récusation qui peuvent être présentés contre les experts peuvent l'être également contre le tiers expert ; mais la partie qui a requis sa prestation de serment ne peut plus le récuser (arrêt du 17 avril 1850).

157. — Il doit prêter serment comme eux, à moins qu'il n'en soit dispensé par les parties.
Là s'arrête l'assimilation.

158. — Le tiers expert confère avec les premiers experts après avoir pris communication de leur rapport ; mais il a le droit de l'apprécier à sa guise et de procéder comme il l'entend.

159. — Il peut donc ne pas visiter les lieux litigieux, ne pas entendre les parties (arrêts des 31 juill. 1862 et 30 avril 1868).

Mais nous croyons que son véritable devoir étant de chercher à s'éclairer par tous les moyens possibles, il est à désirer que l'habitude de quelques tiers experts de recommencer à nouveau les opérations, se généralise.

Les lieux contentieux ont toujours une éloquence que rien ne peut remplacer, et il résulte de la comparution des parties des renseignements et des impressions précieuses, qui ne pouvant passer entièrement dans le premier rapport, n'existent pas pour le tiers expert, lorsqu'il se contente de la lecture de ce document.

100. — Le rapport laissant toute liberté d'appréciation au tiers, il n'est pas obligé de se rattacher à l'un des avis émis par les experts.

101. — Il a le droit d'adopter une troisième opinion sans que pour cela l'expertise puisse être arguée de nullité (Conseil d'État, arrêts des 31 mai 1855 et 17 avril 1856).

102. — C'est là un des grands inconvénients de la tierce expertise qui arrive ainsi à donner trois avis différents au conseil, qui demande, avant tout, une opinion concluante pouvant éclairer complètement sa religion.

103. — Il n'en est pas ainsi en procédure civile où il n'y a jamais qu'un seul avis émis par l'expert unique ou les trois experts, à la pluralité des voix.

Le meilleur moyen de l'éviter est de généraliser la nomination de trois experts.

104. — Lorsque le tiers expert s'est formé une opinion, il dresse un rapport qu'il signe et dépose au greffe où communication peut en être prise par les parties.

Et l'audience est suivie comme sur le rapport des experts lorsqu'ils sont d'accord.

105.— Il ne lie pas plus le tribunal que ce dernier.

106.— Les parties ont également toute liberté pour le discuter.

DES EXPERTISES OBLIGATOIRES

107. — Les conseils de préfecture connaissent, aux termes de l'art. 4 de la loi du 28 pluviôse an VIII, de toutes les contestations qui peuvent s'élever entre l'*administration* ou l'entrepreneur et les concessionnaires subrogés à ses droits d'une part, et d'autre part *les tiers*, pour les réclamations formées par eux *à raison des dommages que leur a causés l'exécution des travaux publics;* comme, par exemple, des extractions de matériaux, des fouilles, des occupations de terrain, des études préalables avec nivellements et sondages, plantation de jalons, abatage d'arbres et de haies, circulation des ingénieurs, de leurs agents et ouvriers.

108. — Ils sont donc compétents toutes les fois que les travaux d'où résulte le dommage ont le caractère de travaux publics, c'est-à-dire sont faits par l'administration de l'État, les départements, les communes ou les établissements publics, dans un *but d'utilité publique* et que :

1° Le dommage se rattache directement à l'exécution de ces travaux ;

2° Il est autre que celui causé par l'expropriation ;

3° Il est causé par l'administration ou bien l'entrepreneur ou les concessionnaires qu'elle s'est subrogés.

169. — Dans tous les cas où il s'agit, pour le conseil de préfecture, de régler une indemnité, pour un dommage de cette nature, l'expertise est *obligatoire* puisqu'elle est ordonnée par la loi.

170. — Mais il peut arriver que l'indemnité soit demandée :

1° Par le propriétaire pour extraction de matériaux et occupations de terrains ayant pour objet :

Ou des travaux de grande voirie, ou des travaux de ville ;

Et par des tiers qui ont éprouvé un préjudice quelconque, par suite de l'exécution de ces travaux.

Alors c'est le décret du 25 sept. 1791 et la loi du 16 sept. 1807 qui sont applicables.

171. — 2° Ou par le propriétaire, pour occupation et fouilles pour l'exécution de chemins vicinaux ;

Et par les tiers, auxquels l'exécution de ces travaux a causé un dommage ;

Et c'est la loi du 21 mai 1836 et le règlement préfectoral du 21 juillet 1854 qui indiquent la manière de procéder.

Dans ces divers cas, la nomination des experts et du tiers expert varie, mais les autres règles à observer sont exactement les mêmes.

Il nous suffira donc d'indiquer le mode spécial de nomination dans chacun des cas qui précèdent et d'examiner les règles générales tracées pour les expertises obligatoires.

LÉGISLATION.

172. — C'est le décret du 28 sept. 1871 qui a réglé les fouilles dans les champs des particuliers, pour l'entretien des ouvrages publics, dans la section IV, *des Chemins*, en ces termes :

« Art. 1er.— Les agents de l'administration ne pourront fouiller dans un champ pour y chercher des pierres, de la terre ou du sable nécessaires à *l'entretien des grandes routes ou autres ouvrages publics*, qu'au préalable ils n'aient averti le propriétaire et qu'il ne soit justement indemnisé à l'amiable ou à dire d'experts conformément à l'art. 1er du présent décret. »

173. — La loi du 10 sept. 1807, sous le titre IX, *des indemnités aux propriétaires pour occupation de terrain*, a fixé les formalités du règlement de l'indemnité dans les art. 56 et 57, dont voici les termes :

« Art. 56. — Les experts, pour l'évaluation des indemnités relatives à une occupation de terrain, seront nommés pour les objets des travaux de grande voirie *l'un par le propriétaire, l'autre par le préfet* et le *tiers expert*, s'il en est besoin, SERA DE DROIT L'INGÉNIEUR EN cuer du département. *Lorsqu'il y aura des concession-naires, un expert sera nommé par le propriétaire, un par le concessionnaire et le tiers expert* PAR *le préfet.*

174.—« Quant aux travaux *des villes, un expert sera nommé par le propriétaire, un* par le maire de la ville, ou arrondissement pour Paris, et le *tiers expert* par le préfet. »

« Art. 57. — Le contrôleur et le directeur des con-tributions donneront leur avis sur le procès-verbal d'expertise. »

175.—La loi du 21 mai 1836 sur les chemins vici-naux a tracé dans l'art. 17 les règles à suivre pour les extractions des matériaux, dépôts ou occupations de terrains pour l'exécution des *chemins vicinaux* et la nomination des experts chargés de fixer l'indemnité lorsqu'elle ne l'a pas été à l'amiable.

« Art. 17.—Les extractions de matériaux, les dépôts ou enlèvements de terre, les occupations temporaires de terrains seront autorisés, par arrêté du préfet, lequel désignera les lieux ; cet arrêté sera notifié au moins dix jours avant que son exécution puisse être commencée.

« Si l'indemnité ne peut être fixée à l'amiable, elle sera réglée par le conseil de préfecture, sur le rapport d'experts nommés *l'un par le sous-préfet* et l'autre par le propriétaire.

« En cas de discord, le *tiers expert* sera nommé *par le conseil de préfecture.* »

176. — Puis le règlement préfectoral du 21 juillet 1854, qui est venu compléter l'art. 21 de la loi de 1830, indique les dispositions relatives aux formalités à remplir pour les occupations d'office des terrains et aux formes à observer pour les expertises nécessaires à la fixation des indemnités.

Les experts nommés, conformément à l'article 17 de la loi du 21 mai 1836, prêtent serment devant le conseil de préfecture, pour l'arrondissement chef-lieu, et devant le sous-préfet pour les autres arrondissements; puis ils procèdent contradictoirement.

Si le propriétaire ne nomme pas d'expert, le préfet en provoque la nomination près du conseil de préfecture.

Les experts rédigent un procès-verbal de l'appréciation des dommages, et y fixent le taux de l'indemnité à payer.

En cas de désaccord, le préfet provoque la nomination d'un tiers expert qui est tenu de prêter serment.

Le conseil de préfecture statue sur les procès-verbaux d'expertise, et fixe lui-même les frais de l'expertise.

177. — Enfin, le décret du 8 fév. 1868 a précisé les mesures que doivent prendre les entrepreneurs lorsqu'ils ont besoin d'extraire, pour l'exécution de travaux publics, des matériaux dans un terrain privé.

178. — De ces dispositions légales il résulte que,

lorsque l'administration a besoin d'occuper un terrain, pour dépôt, fouilles ou extraction de matériaux, elle a deux voies à suivre.

170. — Elle doit d'abord essayer de traiter amiablement avec le propriétaire, en suivant les prescriptions du décret du 8 fév. 1808.

180. — Dans le cas, au contraire, où une entente n'est pas possible, elle se sert de la législation spéciale résultant des lois des 21 sept. 1791, 28 pluviôse an VIII, 16 sept. 1807 et 21 mai 1836, et du règlement du 21 juillet 1854 que nous avons cité, et encore de l'art. 650 du Code civil et de la loi du 25 juin 1845.

RÈGLES A SUIVRE POUR L'OCCUPATION DES TERRAINS

EN MATIÈRE DE TRAVAUX PUBLICS.

181. — Aux termes du décret du 8 février 1868, voici les mesures que doivent prendre les entrepreneurs de travaux publics lorsqu'ils ont à faire des fouilles ou des dépôts dans les propriétés privées.

182. — Un arrêté du préfet, sur la demande de l'entrepreneur d'accord avec l'ingénieur, autorise l'occupation des terrains.

183. — Ampliation de cet arrêté est adressée à l'ingénieur en chef et au maire de la commune.

184. — L'ingénieur en chef en *remet* une copie, par lui certifiée, *à l'entrepreneur.*

185. — *Le maire notifie* l'arrêté *au propriétaire* du terrain à occuper.

186. — L'entrepreneur doit alors essayer de se mettre d'accord avec ce dernier, sur l'évaluation des dommages dont il y a lieu de l'indemniser.

Dans ce cas, tout se passe d'accord.

187. — S'il ne peut s'entendre avec le propriétaire, il l'invite, par une lettre chargée, à se rendre sur les lieux pour procéder à une constatation contradictoire, dans un délai minimum de dix jours et à désigner un expert. Avis en est donné au maire.

188. — Si le propriétaire ne désigne pas d'expert, le maire en nomme un pour lui.

189. — Les deux experts procèdent alors ensemble et rédigent un procès-verbal de constat en trois expéditions, qu'ils remettent au propriétaire, à l'entrepreneur et au maire.

190. — Aussitôt après le terrain peut être occupé.

191. — Dans le cas où les travaux doivent durer plusieurs années, l'indemnité doit être réglée après chaque campagne.

(Article 8 du décret du 8 fév. 1868).

192. — Les mêmes règles doivent être suivies, soit qu'il s'agisse d'occupation de terrains simple, soit qu'il s'agisse d'extraction de matériaux pour travaux de grande voirie, de ville, de département ou d'État.

193. — Après toutes ces constatations et lorsque l'occupation de terrain a eu lieu, l'indemnité peut encore être réglée à l'amiable entre le propriétaire et l'entrepreneur.

104. — Si les parties ne se mettent pas d'accord, il est procédé à l'expertise, et les dispositions légales particulières à chaque cas sont alors appliquées.

En résumé :

105. — 1° S'il s'agit de travaux de grande voirie et que l'administration soit en cause :

Un expert est nommé par le propriétaire,

Un *autre expert est désigné par le préfet,*

En cas de partage, le *tiers expert est de droit l'ingénieur en chef du département ;*

106. — 2° S'il s'agit des mêmes travaux et qu'il y ait des concessionnaires, le propriétaire nomme un expert, le *concessionnaire désigne l'autre,* et le *tiers expert est choisi par le préfet ;*

107. — 3° S'il s'agit de travaux de ville, un expert est nommé par le propriétaire ;

Un par le maire de la ville ou de l'arrondissement de Paris ;

Le *tiers expert, s'il y a lieu, est choisi par le préfet ;*

108. — 4° S'il s'agit de travaux pour les chemins vicinaux :

Un expert est choisi par le propriétaire, *un autre* par le *sous préfet ;*

Le *tiers expert,* en cas de discord, est nommé par le conseil de préfecture.

DES CAS OU IL Y A LIEU A EXPERTISE OBLIGATOIRE.

199. — Malgré les inconvénients que présentent ces variétés de formes, qui ne peuvent tarder à disparaître, aucune difficulté sérieuse ne se rencontre dans la pratique lorsque l'indemnité est réclamée par le propriétaire pour dommages causés au fond lui-même par les travaux.

200. — Mais il en est autrement lorsqu'il s'agit de régler la réparation du préjudice éprouvé par les tiers dans leurs personnes ou leurs intérêts.

Il se présente alors deux questions délicates d'interprétation et de compétence, qu'il est intéressant d'examiner.

201. — D'abord, que faut-il entendre par dommages causés par l'exécution de travaux publics dans le sens des lois qui régissent la matière ? Et dans quels cas le conseil de préfecture est-il appelé à régler l'indemnité réclamée ?

Il est indispensable de poser quelques principes répondant à ces questions.

202. — Le dommage est tout ce qui cause un préjudice à autrui.

7

203. — Il peut être *immobilier, mobilier* ou *personnel.*

204. — Le dommage immobilier est celui qui porte atteinte aux droits du propriétaire en gênant sa jouissance, en diminuant la valeur de sa propriété, sans détruire sa possession, à la différence de l'expropriation qui le dépossède complètement.

De telle sorte qu'on peut dire que tout ce qui n'est pas expropriation est dommage immobilier.

205. — Le dommage mobilier est tout ce qui lèse les droits ou l'exercice des droits mobiliers.

206. — Enfin le dommage causé aux personnes est, ce qui d'une façon quelconque blesse l'individu en tant qu'être vivant.

Il y a donc dommage, toutes les fois qu'un particulier ou un être moral a été blessé dans ses droits ou sa personne.

207. — Mais, pour que le dommage donne droit à réparation, il faut qu'il soit *direct, actuel* et *matériel.*

Il doit donc être la conséquence directe des *travaux publics* exécutés et causer un préjudice *matériellement* appréciable.

208. — Le droit de réclamer l'indemnité, c'est-à-dire d'exercer l'action en dommages, appartient à celui qui l'éprouve, par conséquent, aussi bien au locataire et à l'usager qu'au propriétaire (arrêts des 30 juillet 1863 ; 28 janvier 1865).

209. — L'indemnité doit être réglée en argent et constituer la réparation complète du préjudice éprouvé, sans pouvoir, en cas d'occupation de terrain, pour fouilles et extraction, jamais dépasser le prix de ce terrain.

209 *bis*. — L'art. 55 de la loi du 16 sept. 1807 laisse en effet la faculté de payer les terrains occupés comme s'ils eussent été pris pour la route même, et de ne faire entrer dans l'estimation la valeur des matériaux à extraire que dans le cas où l'on s'emparerait d'une carrière déjà en exploitation, c'est-à-dire que l'administration ou son représentant a l'avantage de ne payer que la diminution de valeur qu'a subie la propriété pour les fouilles et non la valeur des matériaux utilisés.

210. — Il en serait autrement si ces matériaux avaient été approvisionnés par le propriétaire. Ils devraient bien entendu lui être intégralement soldés.

211. — En cas d'extraction dans une carrière en exploitation, les matériaux, aux termes du même article 55, doivent être payés d'après le prix courant du pays.

212. — L'indemnité ne doit pas être payée préalablement aux extractions ; mais si celles-ci durent plusieurs années, elle est réglée après chaque campagne (art. 8 du décret du 8 fév. 1868).

213. — Quand les matériaux extraits par l'entrepreneur n'ont pas été employés aux ouvrages publics, le conseil de préfecture cesse d'être compétent, ce sont les tribunaux ordinaires qui doivent connaître de la demande du propriétaire (arrêt du 23 mars 1870).

214. — Il en est de même : lorsqu'il s'agit d'enlèvement de matériaux par des agents de l'administration sans l'accomplissement des formalités du décret du 8 fév. 1868, et d'apprécier la demande en garantie formée par ces agents contre le département, lorsque les formalités prescrites pour l'extraction des matériaux n'ont pas été remplies par l'entrepreneur (arrêt du Conseil d'Etat du 19 juillet 1872).

215. — Mais c'est l'autorité administrative qui reste compétente pour interpréter un arrêté préfectoral autorisant un entrepreneur à faire des fouilles (Tribunal des conflits, 26 déc. 1874).

216. — Il faut remarquer que sur ce point encore, la jurisprudence du Conseil d'Etat a varié complètement.

Jusqu'en 1867, il ne concédait le droit d'enlever des matériaux en vertu d'un arrêté préfectoral après les formalités du décret du 8 fév. 1868, qu'aux véritables entrepreneurs de travaux publics et non aux simples fournisseurs de matériaux (arrêts des 16 août 1843, 13 avril 1850, 21 avril 1854; *sic* Dufour et Christophle); il était d'accord sur ce point avec la Cour de cassation qui a décidé notamment que l'adjudicataire chargé de l'entretien d'une route impériale est un véritable entrepreneur et non pas seulement un simple fournisseur, alors surtout qu'il est fait mention de travaux d'art dans son devis (arrêt de rejet du 13 juin 1866).

217. — Mais aujourd'hui il n'en est plus ainsi et le Conseil d'Etat décide que le droit qui appartient à l'administration de désigner les lieux où des matériaux seront extraits pour l'exécution de travaux publics, peut être exercé par elle en faveur d'un simple fournisseur de matériaux destinés à l'entretien d'une grande route (arrêt du 9 mai 1867).

218. — Les intérêts de l'indemnité en sont dus du jour où ils sont régulièrement demandés (art. 1153 du Code civil).

219. — L'administration est responsable de l'entrepreneur ou du concessionnaire insolvable; par suite, elle est tenue de réparer le dommage si ceux-ci ne peuvent le faire.

220. — Ce principe résultant d'une jurisprudence constante du Conseil d'État (arrêt des 27 mai 1839 et 7 sept. 1855), et enseigné par tous les auteurs (Dufour,

t. 8, n° 208 ; Aucoc, t. 2, n° 704 ; Christophle, t. 2, p. 324), vient de recevoir une nouvelle consécration.

Il a été, en effet, récemment jugé, que le propriétaire, sur le terrain duquel des extractions de matériaux ont été pratiquées par un entrepreneur, en vertu d'une autorisation du préfet, peut, *en cas d'insolvabilité de l'entrepreneur*, réclamer de l'État le paiement de l'indemnité qui lui est due (arrêt du Conseil d'Etat du 27avril 1877).

221. — Or, dans les cas de contestations sur le règlement des dommages, lorsque aucun arrangement amiable n'est intervenu entre les parties, les conseils de préfecture sont spécialement chargés d'en connaître.

222. — Sur la seconde question, il faut donc affirmer : *que le conseil de préfecture est compétent et qu'il y a lieu d'expertise obligatoire, toutes les fois qu'une indemnité est réclamée pour un dommage matériel résultant directement de l'exécution de travaux publics.*

223. — Par suite, toutes les fois qu'il s'agit d'occupation de terrain pour fouilles, dépôt ou extraction de matériaux, pas de difficultés possibles. Le règlement a lieu dans les conditions du décret du 8 fév. 1868 et des art. 56 de la loi du 16 sept. 1807 et 17 de la loi du 21 mai 1836.

224. — Une distinction est cependant nécessaire.

225. — S'il y a eu convention entre l'entrepreneur et le propriétaire au sujet de l'indemnité, ou si l'occupation de terrain a eu lieu sans autorisation préalable du préfet, les tribunaux civils sont seuls compétents (arrêt du 17 janv. 1868), mais il faut, pour qu'il en soit ainsi, que la convention soit prouvée et non simplement alléguée.

Aussi il a été décidé :

Que l'autorité administrative est seule compétente pour statuer sur une demande en indemnité pour dommages causés par des travaux publics, lors même qu'il serait allégué par le réclamant que le maire lui aurait *verbalement* promis, avant l'exécution, que la commune lui paierait une indemnité déterminée à l'avance (Conseil d'Etat, arrêt du 10 fév. 1877);

Que c'est l'autorité judiciaire, au contraire, qui est compétente, même alors qu'il s'agit de dommages résultant de travaux publics pour statuer sur les difficultés qui naissent de conventions intervenues entre les intéressés et l'administration ou ceux qui les représentent; pour rechercher ou contester si une convention alléguée a ou non existé;

Et qu'il suffit, pour qu'il en soit ainsi, que la demande soit fondée sur l'existence d'une convention (Cassation, 20 janvier 1873).

226. — Si, au contraire, il n'est pas intervenu de traité entre le propriétaire et l'entrepreneur et que l'occupation ait été régulièrement autorisée par l'administration, le règlement de l'indemnité appartient au conseil de préfecture.

227. — Dans les autres cas, les règles de compétence sont moins nettement tranchées. Aussi leur application a-t-elle donné lieu à de nombreuses décisions contradictoires.

228. — Ainsi, le Conseil d'Etat, après avoir déclaré que la juridiction administrative est compétente pour connaître des demandes d'indemnités pour dommages causés par :

L'insuffisance d'indication et de signalement de pieux et de piquets plantés dans une eau navigable et ayant causé des avaries à un bateau (arrêts des 22 juillet 1855, 17 fév. 1859 et 26 mai 1869);

L'inexécution d'un travail public à la charge de l'administration (arrêts des 23 janv. 1862, 6 déc. 1865);

La chute d'un mur de soutènement, d'une gare, plusieurs années après l'exécution (décret de Soufflet, 30 décembre 1863);

La dérivation dans un canal d'une partie des eaux des crues alimentant des moulins;

L'occupation temporaire de terrains pour l'exécution d'un chemin de fer (arrêt du 2 juin 1866).

229. — A successivement décidé :

Que l'art. 30 de la loi de 1807 est applicable non seulement pour occupation temporaire de terrain, mais à *tous les cas* où des indemnités peuvent être demandées à raison des dommages causés par l'exécution d'un travail public (arrêt du 21 juin 1866);

Qu'au contraire c'est à l'autorité judiciaire qu'appartient l'appréciation du dommage éprouvé par un propriétaire de vignes, par suite du pillage de sa récolte par les ouvriers d'une entreprise (arrêt des 13 déc. 1855 et 20 déc. 1858) ;

Ou à cause de la fumée de fours à briques établis par un entrepreneur, même avec l'autorisation du préfet (arrêt du 11 juin 1868) ;

— Enfin, que c'est au conseil de préfecture à connaître d'une action causée :

Par le refus d'alignement fait par l'autorité municipale à un propriétaire (arrêt du 15 mars 1868) ;

Et par l'exécution de travaux publics incombant à l'administration (arrêt du 15 mai 1869).

230. — Le véritable principe, qui se dégage de ces divergences plutôt apparentes que réelles, est qu'il faut rechercher l'esprit des articles 4 du 28 pluviôse an VIII, 56 de la loi de 1807 et 17 de celle de 1836, et non s'attacher à leur lettre.

231. — L'interprétation étroite de leur texte serait qu'il ne s'applique qu'aux cas où les indemnités sont demandées pour terrains pris ou fouillés ; mais quand on l'analyse dans son véritable esprit, il devient évident qu'il doit s'appliquer aux autres ouvrages, c'est-à-dire à tous ceux qui viennent directement de ces travaux.

232. — Dans toutes ces dispositions légales, en effet,

il ne faut voir que des énumérations qui n'ont rien de limitatif.

233. — Il est certain que l'art. 56 de la loi de 1807, qui ne paraît régler que l'évaluation des indemnités relatives à une occupation de terrain, s'applique en réalité à tous les dommages résultant de l'exécution des travaux publics (arrêt du 19 janv. 1850), par exemple, à la plus-value invoquée contre le particulier comme compensation des dommages (arrêt du 25 juin 1868) et que les dispositions de l'art. 17 de la loi de 1836, quoique ne parlant que de l'extraction des matériaux et de l'occupation temporaire, doivent s'étendre, dans le sens le plus large et le plus général, à tous les dommages résultant de l'exécution des chemins vicinaux, aucun motif sérieux d'en limiter l'application ne pouvant être invoqué.

234. — Il faut donc conclure que la loi de 1807 est applicable à tous les dommages causés par les travaux publics qu'elle vise, et celle de 1836 à tous les dommages venant directement de l'exécution des chemins vicinaux.

235. — En ces matières, la question de compétence se résout donc par la solution de cette première question : le dommage formant la base de la demande provient-il directement de l'exécution des travaux, ou ne s'y rattache-t-il qu'indirectement ?

236. — *Toutes les fois que le préjudice résulte directe-*

ment des travaux exécutés, ce sont les tribunaux adminis-tratifs qui sont compétents.

237. — Lorsque, au contraire, le dommage éprouvé vient indirectement des travaux ordonnés, c'est la juridiction civile qui doit en connaître.

238. — Mais l'exécution des travaux publics peut entraîner des accidents et causer aussi des dommages aux personnes.

Il n'est pas douteux que réparation est due aux victimes quand il y a eu défaut de précaution de la part de l'administration, de l'entrepreneur ou des concessionnaires.

239. — Ainsi : un puits d'amarrage des chaînes d'un pont suspendu reste ouvert par négligence, un ouvrier y tombe et reçoit des blessures (19 déc. 1839);

Un accident est causé par un voiturier de transport dans la conduite de sa voiture (23 juin 1848);

Une vigne est pillée par les ouvriers d'une entreprise (13 déc. 1835);

Une mine aveugle un mineur (9 déc. 1858);

Une excavation pratiquée dans le champ d'un propriétaire pour fouilles ou extraction de matériaux et non remblayée cause la mort d'un cheval (arrêt du 14 mai 1858);

Un cheval est blessé par le déplacement d'un madrier formant le tablier d'un pont en mauvais état (arrêt du 30 mars 1867);

Le défaut d'éclairage de matériaux cause un accident (arrêt du 16 déc. 1863);

Dans tous ces cas, il est évidemment dû une indemnité.

240. — Mais devant quel tribunal doit être portée la demande?

Sur ce point la jurisprudence a varié encore plus que sur celui que nous venons d'examiner.

241. — Avant 1869, le Conseil d'Etat n'établissait aucune distinction entre le préjudice causé aux biens et celui causé aux individus, tenant pour certain que la loi du 28 pluviôse an VIII s'appliquait à tous les dommages immobiliers, mobiliers ou personnels, et qu'en conséquence les conseils de préfecture étaient compétents, à la seule condition que les dommages fussent la *conséquence directe* des travaux publics.

242. — Cependant, dès 1858, il avait admis que : lorsque dans l'exécution d'un travail dont l'entrepreneur était chargé, sans que l'administration intervînt pour donner des ordres aux ouvriers, un accident était arrivé à un ouvrier, ce n'est pas l'autorité administrative, mais l'autorité judiciaire qui est compétente (arrêt du 4 fév. 1858).

243. — Mais, en 1863, il adopta nettement cette jurisprudence nouvelle (arrêt du 22 nov. 1863) confirmée par les arrêts suivants des 15 déc. 1865, 13 déc. 1866, 15 avril 1868, 12 mai 1869.

Dans toutes ces espèces, il s'agissait de dommages causés à des ouvriers tués ou blessés par l'imprudence de l'entrepreneur, de ses ouvriers ou des agents de l'administration.

« Considérant, disait le Conseil d'Etat, que le préjudice dont les demandeurs poursuivent la réparation, *n'est pas* de la nature des torts et dommages *dont l'appréciation est réservée au conseil de préfecture* par l'art. 4 de la loi du 28 pluviôse an VIII. »

244. — Cette nouvelle doctrine était fondée sur le raisonnement suivant :

« Les dispositions de la loi de l'an VIII sont extraites de celles des 17-11 sept. 1790, dont l'art. 4 — attribuait au directeur de district avec recours à celui du département, la connaissance des demandes et contestations sur le règlement des indemnités dues aux particuliers à raison des terrains pris ou fouillés pour la confection des chemins, canaux et autres ouvrages publics. »

— Et dont l'art. 5 — « déférait à la municipalité du lieu, sauf recours au directoire du district, les plaintes des particuliers pour *torts et dommages* provenant du fait personnel de l'entrepreneur, et non du fait de l'administration.

« D'où il faut conclure que les mots *torts et dommages* ont, dans la loi de l'an VIII, le même sens que dans la loi de 1790, qui ne les appliquait qu'aux propriétés à *l'exception des personnes.* »

245. — Cette interprétation ne peut être admise. Il suffit de lire attentivement la loi de 1790, pour reconnaître que les motifs invoqués ne sont pas sérieux et que les expressions générales *torts et dommages,* au lieu de comporter l'exception qu'on suppose avoir été faite par le législateur de 1790, embrassent, au contraire, tous les dommages, qu'ils soient éprouvés dans les biens ou dans les personnes des demandeurs.

Vainement, on essaye de soutenir que la loi n'a pas parlé des torts aux personnes, c'est précisément parce qu'elle ne les a pas mentionnés comme devant être en dehors de la juridiction administrative, qu'aucune distinction ne doit être établie.

Pourquoi en serait-il ainsi ?

On en cherche inutilement le motif.

En l'absence de toute règle de compétence sur ce point, l'interprétation restrictive donnée à la loi de 1790 devient purement gratuite.

Il faut reconnaître que le législateur n'y a pas songé.

246. — Rien n'empêche donc les conseils de préfecture de *connaître* de tous les dommages entraînant directement ou indirectemennt la responsabilité civile de l'Etat.

247. — Il faut, en résumé, pour trancher les questions de compétence qui se présentent en cette matière rechercher la *cause* des dommages.

248. — Si la *cause* provient *directement*, d'une manière intime en quelque sorte, de l'exécution de travaux publics, l'autorité administrative est compétente.

249. — Si elle ne s'y rattache qu'*indirectement*, s'il s'agit de faits accidentels, c'est à l'autorité judiciaire qu'il faut s'adresser.

250. — Peu importe, du reste, que le dommage soit causé aux personnes ou aux choses.

251. — Ces principes, qui nous paraissent incontestables, ont triomphé.

La Cour de Paris, dès le 19 mai 1860, a jugé que si l'art. 4 de la loi du 28 pluviôse an VIII est sans application aux dommages causés par des délits de droit commun, *il s'applique aux dommages qui sont les conséquences directes* des travaux publics.

Et la Cour de cassation a décidé que c'est l'autorité judiciaire qui est compétente pour connaître d'une action en dommages et intérêts formée contre les concessionnaires d'une entreprise de voie publique, *si les travaux ont été exécutés*, non sur la voie, *mais* sur les terrains en bordure de cette voie (Cass., 17 nov. 1868).

252. — Aussi le Conseil d'État, revenant à sa première jurisprudence d'avant 1863, proclame-t-il désormais que *les conseils de préfecture connaissent de tous les dommages matériels causés directement par les travaux publics aux* PERSONNES *et aux choses.*

253. — C'est ainsi qu'il a décidé que :

Dans le cas où un entrepreneur de travaux communaux a été condamné par l'autorité judiciaire à des dommages et intérêts envers un particulier, à raison de blessures reçues par ce dernier dans l'exécution des travaux, *c'est à l'autorité administrative* qu'il appartient de connaître du recours en garantie exercé par l'entrepreneur contre la commune, alors que les travaux ont été exécutés en vertu d'une autorisation du préfet, sur le sol de plusieurs routes (Conseil d'Etat, arrêt du 11 mai 1872) ;

C'est au conseil de préfecture et non à l'autorité judiciaire qu'il appartient de statuer sur les *torts et dommages causés aux personnes* par l'exécution des travaux publics (Conseil d'Etat, arrêts des 19 déc. 1873 et 9 janv. 1874 ; Tribunal des conflits, 17 mars 1874) ;

C'est au conseil de préfecture qu'il appartient de statuer sur l'action en responsabilité formée contre l'Etat par un ouvrier, à raison de blessures reçues par ce dernier dans l'exécution de travaux publics auquel il était employé.

« Considérant, dit l'arrêt. — Que cette demande est fondée *sur un fait qui se rattache à l'exécution d'un travail public* et rentre ainsi dans les torts et dommages

dont l'art. 4 de la loi du 28 pluviôse an VIII, attribue
la connaissance aux conseils de préfecture. »

(Conseil d'Etat, arrêt du 11 déc. 1874).

254. — Mais par application des mêmes principes,
il a été, avec raison, jugé que les tribunaux ordinaires sont seuls compétents pour apprécier la responsabilité civile résultant, pour une commune, du *délit*
d'homicide ou de blessures par imprudence, commis
par un de ces agents dans l'exécution de semblables
travaux (même décision).

255. — On peut donc dire aujourd'hui, en attendant qu'une loi vienne affirmer nettement la compétence de la juridiction administrative en matière de
dommages, que toutes les demandes de cette nature
doivent être portées devant elle lorsqu'elles se basent
sur des faits qui ne sont que la conséquence directe
des travaux publics exécutés.

FORMES A OBSERVER EN MATIÈRE D'EXPERTISES OBLIGATOIRES.

Arrêté d'expertise. — Nomination des experts. — Nombre.

256. — Dans tous les cas que nous venons d'indiquer, le conseil de préfecture étant compétent, l'expertise est *forcée*.

Du moment que le conseil de préfecture est saisi de la demande d'indemnité, il doit l'ordonner.

La jurisprudence du Conseil d'Etat, d'accord du reste avec les termes des lois spéciales, est constante (arrêts des 22 mars 1860, 26 fév. 1863, 17 janv. 1867).

257. — En ces matières exceptionnelles, l'*expertise* qui, comme nous l'avons vu, est absolument facultative, en matière ordinaire, *est la base juridique, indispensable,* de la décision à rendre.

Le conseil de préfecture ne peut valablement procéder au règlement du dommage *qu'après* et *sur* l'expertise.

Si bien que s'il n'y a pas d'expertise, l'arrêté est illégal et que, si l'expertise est irrégulière, l'arrêté doit être annulé.

258. — Une seule exception est admise pour le cas où il résulte clairement des faits même, avancés par le demandeur, que le dommage n'est pas de nature à donner droit à une indemnité.

C'est ainsi qu'il a été jugé souverainement que si, en principe, le conseil de préfecture ne peut statuer *de plano* sur une demande en indemnité pour dommages résultant de travaux publics (art. 56 de la loi du 16 sept. 1807), il en est autrement quand il n'y a qu'à résoudre une question de droit; ou si, en supposant les allégations du réclamant établies, la demande devrait être rejetée (arrêts du Conseil d'Etat des 12 mai 1859, 30 août 1861, 25 fév. 1864, 3 mai 1866, 4 fév. 1869, 10 mars 1869, 1er août 1869; Dufour, Aucoc, Cristophle, Chauveau); et même lorsque le propriétaire a renoncé à toute indemnité (arrêt du 4 fév. 1869).

Le conseil peut aussi rejeter la demande, en raison d'un accident arrivé sur la voie publique, lorsque le fait n'ouvre pas le droit à l'indemnité (arrêt du Conseil d'Etat du 5 août 1869).

259. — Il est bien évident que toutes les fois qu'il apparaît au conseil que le droit à l'indemnité n'existe pas, l'expertise qui n'est qu'un moyen de fixer le chiffre de l'indemnité, c'est-à-dire un véritable *préparatoire* préjugeant le droit à réparation du dommage, devient inutile et qu'il n'y a pas lieu de l'ordonner.

Mais cette exception n'est que la confirmation de la règle qu'en ces matières l'expertise est obligatoire.

260. — Les parties désignent chacune un expert en se conformant aux lois de 1807 ou du 21 mai 1836. Par suite :

261. — Pour les travaux de grande voirie : le propriétaire nomme un expert et le préfet l'autre.

262. — Si les travaux sont exécutés par un concessionnaire le propriétaire nomme toujours un expert, mais le concessionnaire désigne l'autre.

263. — Pour les travaux des villes, le propriétaire choisit un expert et l'autre est désigné par le maire de la ville, ou de l'arrondissement pour Paris.

264. — Pour les travaux relatifs aux chemins vicinaux, le propriétaire nomme un expert et le sous-préfet choisit l'autre, même quand il y a un entrepreneur.

265. — Il y a donc autant d'experts que d'intérêts opposés.

266. — Ces prescriptions sont édictées à peine de nullité.

267. — Le droit pour les parties de choisir les experts dans les conditions indiquées est absolu.

268. — Le conseil de préfecture ne peut pas les

nommer d'office à moins *qu'après avoir été mises en de-meure* les parties refusent de les désigner.

Dès le 17 nov. 1819, le Conseil d'Etat (arrêt Hardy contre Guernon) a décidé : « que le mode de nomina-tion d'experts, tel qu'il est prescrit par le Code civil et par le Code de procédure, n'est pas   ligation pour les actes d'administration ; que d'autres modes de nomina-tion ont été tracés, notamment par la loi du 16 sept. 1807; qu'il est de règle et d'usage de laisser aux parties le soin de choisir leurs experts respectifs et qu'il ne leur en est donné que sur leur refus et quand elles ont été *mises en demeure.*

269. — Lorsqu'une des parties a indiqué un expert et que l'autre ne l'a pas fait, elle doit notifier l'arrêté à son adversaire; le conseil de préfecture met alors ce dernier en demeure de faire un choix et faute par lui de le faire, nomme un expert d'office.

270. — Si aucune des parties ne désigne d'expert après l'arrêté qui ordonne l'expertise, le conseil les met en demeure et, en cas de refus, nomme les experts d'office.

271. — Le conseil ne peut, dans ce cas, déléguer au préfet le droit de nommer l'expert pour une partie qui ne l'a pas fait (arrêt du 8 janv. 1847); il ne peut non plus, dans ces matières spéciales, nommer d'office un seul expert (arrêt du 10 nov. 1853), ni trois experts (arrêt du 15 mai 1856).

272.—Mais toutes les nullités qui résultent de l'in-observation de ces formalités peuvent être couvertes par la présence, sans protestations ni réserves, des parties à l'expertise.

Par leur comparution, en effet, elles renoncent tacitement à se prévaloir du vice de forme de l'arrêté d'expertise ou de la nomination irrégulière des experts (arrêt du 28 juillet 1852).

273. — Il va sans dire que le conseil de préfecture peut, avec le consentement des parties, ordonner que l'expertise sera faite par un seul expert (arrêt du 10 déc. 1857).

Qu'a voulu la loi? donner toute garantie aux plaideurs, tracer des règles pour qu'il soit procédé régulièrement et que l'expertise laisse intacts tous les droits engagés; mais toute liberté est laissée aux intéressés, pour renoncer à ces garanties lorsque la confiance qu'ils ont dans l'expert choisi les rend inutiles.

Il n'y a pas là de question d'ordre public et nous pensons qu'en ces matières toute liberté d'entente doit être laissée aux intéressés.

274. — Aussi, contrairement à l'arrêt du 15 mai 1856, nous croyons qu'une expertise ordonnée par trois experts, avec le consentement des parties, est parfaitement valable.

On ne comprendrait pas que des opérations régulières, avec un seul expert, ne le fussent pas lorsqu'elles ont été faites par trois experts, et que le Conseil d'Etat dût annuler comme irrégulière une expertise d'accord avec les parties, et que leur simple présence aurait pu régulariser en couvrant toute nullité.

275. — Disons donc que les prescriptions de la loi ne sont applicables qu'en cas de désaccord des parties, mais que leur intérêt leur permet d'appliquer ou de ne pas appliquer ses dispositions.

Récusation des experts.

276. — En matière d'expertise obligatoire comme pour les expertises ordinaires, les parties ont droit de récuser les experts et nous n'hésitons pas à proclamer que toutes les causes de récusation prévues par l'article 283 du Code de procédure civile comme celles analogues sont applicables et que, en cas de preuve, elles doivent être accueillies.

277. — A ce que nous avons dit précédemment et à l'opinion de Dufour déjà cité, nous ajoutons celle de M. Cristophle, t. 2, n° 551 : « L'expertise, dit-il, cesserait de présenter les garanties que la justice et les justiciables doivent y trouver, si le choix des experts échappait dans tous les cas au contrôle de la partie intéressée à la critique. Quelle influence utile peut-elle avoir sur la décision qu'elle est destinée à préparer si elle est faite par des personnes prévenues et dont le témoignage est naturellement suspect. »

278. — Le Conseil d'Etat, après avoir décidé, dès le 15 juin 1818 (arrêt Lassis), que l'expert qui a bu et mangé avec les parties et à ses frais peut être récusé, paraît adopter l'opinion contraire, en reconnaissant à l'administration le droit de choisir pour expert qui lui plaît, même l'agent qui a dirigé les travaux ayant causé le dommage (arrêt des 21 juillet 1853 et 11 août 1857); nous sommes convaincus qu'il reviendra sur cette déplorable jurisprudence.

279. — Si elle était maintenue, le but de l'expertise serait manqué, son caractère dénaturé.

Que recherche le Conseil dans le rapport des experts? la vérité !

Comment l'espérer avec des hommes prévenus et appartenant d'avance à l'une des parties en cause ?

Il y a là une question de haute moralité et de dignité, pour l'administration, qui ne saurait être méconnue.

Un employé, quel que soit son poste, dépend toujours de son administration qui peut lui retirer sa place, retarder ou empêcher son avancement, lui refuser les récompenses qu'il mérite, etc. Il est donc dépendant.

De plus, il fait partie et représente cette administration qu'il doit juger; enfin souvent il a à examiner ses propres actes, à apprécier leurs conséquences.

Comment pourrait-il être impartial et que devient l'expertise dans de pareilles conditions ?

Évidemment l'opinion de l'expert est intéressée,

partiale, elle tourne au plaidoyer plus ou moins passionné, elle n'éclaire plus le juge, elle le trompe.

Ne fût-ce qu'à ce point de vue une réglementation légale est absolument urgente.

———

Serment.

280. — Comme en matière ordinaire, les experts doivent prêter serment à peine de nullité de leurs opérations (arrêts des 13 août 1824, 13 oct. 1828, 31 août 1849, 26 mars et 1er janv. 1850, 1er déc. 1852, 9 déc. 1852, 26 juin 1856, 2 avril 1857, 17 fév. 1859, 10 mai 1860, 10 janv. 1861).

281. — Mais comme en matière ordinaire, les parties peuvent les dispenser de cette formalité (arrêt du 10 janv. 1873).

282. — Les formes que nous avons indiquées plus haut pour les expertises ordinaires doivent être observées pour les expertises obligatoires.

283. — Tout ce que nous avons dit sur le mandat donné aux experts, leurs devoirs, le refus ou l'acceptation, la marche des opérations, la convocation des parties, la rédaction du rapport, son dépôt au greffe, ses effets, est applicable à l'expertise obligatoire par les lois spéciales.

Nous renvoyons donc au titre *des Expertises faculta-*

tires pour toutes les questions qui peuvent se présenter sur ces divers points.

284. — Si les deux experts, après avoir vaqué, c'est-à-dire visité les lieux, recueilli les témoignages propres à les éclairer, entendu les parties dans leurs observations, tombent d'accord, ils en dressent un rapport, le signent et le déposent au greffe du conseil où les parties peuvent en prendre communication ou s'en faire délivrer des copies.

285. — Le préfet communique alors le procès-verbal d'expertise, ou rapport, au contrôleur et au directeur des contributions directes qui donnent leurs avis (art. 57 de la loi du 16 sept. 1807).

286. — Mais cette communication n'est pas obligatoire au point d'entacher l'arrêté de nullité, lorsqu'elle n'a pas été remplie.

287. — C'est ce qui ressort des décisions du Conseil d'État enseignant que :

« De ce que le contrôleur et le directeur des contributions directes n'ont pas été appelés à donner leurs avis sur une expertise en matière de travaux publics, il ne s'ensuit pas qu'il y ait lieu d'annuler l'arrêté du conseil rendu à la suite de cette expertise, l'omission de la formalité de l'art. 57 n'entraîne pas annulation (arrêt du 24 fév. 1865; arrêts conformes des 6 nov. 1851, 6 août 1855 et 4 fév. 1869).

288. — Après ces formalités, le préfet demande une nouvelle expertise, qu'il a, dans tous les cas, le droit de faire faire (art. 57 de la loi du 16 sept. 1807) et pour laquelle on observe les formes que nous avons indiquées au n° 142 et suiv.

Ou bien il soumet la première expertise à la délibération du conseil qui procède comme en matière ordinaire.

289. — Il a été jugé que le conseil de préfecture, après une première expertise faite par trois experts, et ordonnée d'urgence sur la demande d'un propriétaire envahi par les eaux, à la suite de travaux de voirie, peut en ordonner une nouvelle par des experts nommés en conformité de l'art. 56 de la loi de 1807 (arrêts des 23 fév. 1861 et 16 avril 1863).

290. — Il prononce donc, sans être aucunement tenu de se conformer aux conclusions du rapport, que les parties ont le droit de discuter.

Ici encore, en effet, le principe de l'art. 383 du Code de procédure civile, — que le juge conserve son entière indépendance après le rapport des experts et que leur avis ne le lie pas, — est applicable comme en matière ordinaire.

290 *bis*. — Dans le cas contraire de désaccord, qui se présente le plus fréquemment, chacun des experts expose, dans un rapport commun ou dans deux rapports séparés, son opinion avec les motifs à l'appui et il est procédé à une *tierce expertise.*

Nous allons examiner cette nouvelle phase de la procédure qui, surtout en matière de grande voirie, appelle une réforme complète.

DU TIERS EXPERT.

201. — Lorsque les experts sont en désaccord, le conseil de préfecture doit ordonner une tierce expertise qui est toujours obligatoire à peine de nullité (arrêts du Conseil d'Etat des 27 mars 1856, 17 déc. 1857 et 12 juil. 1864).

202. — Il faut que le désaccord soit formel.

203. — Le conseil de préfecture n'est pas tenu de procéder à une tierce expertise si les experts sont d'accord sur les constatations matérielles dont ils étaient chargés (arrêt du 19 juil. 1871).

Ici encore, il y a une distinction à établir.

204. — Le préfet, si la demande d'indemnité lui a été adressée, le conseil de préfecture, *s'il est saisi* directement, désignent le tiers expert (arrêt du 1er avril 1868).

Mais :

205. — S'il s'agit de travaux de grande voirie le tiers expert *est de droit* l'ingénieur en chef du département (art. 56 de la loi du 16 sept. 1807 ; arrêts du

21 juil. 1839, 10 janv. 1850, 8 juin 1850, 8 déc. 1853, 27 mars 1856, 23 fév. 1861, 17 janv. 1873).

296. — S'il s'agit de travaux de ville, si les travaux sont exécutés par un concessionnaire, le tiers expert est nommé par le préfet (art. 56, loi de 1807).

297. — Si enfin il s'agit de travaux pour les chemins vicinaux, c'est le conseil de préfecture qui désigne le tiers expert (art. 17 de la loi du 21 mai 1836).

298. — En matière de grandes voiries, les prescriptions de l'art. 56 sont aussi formelles qu'impératives : l'ingénieur en chef *est de droit* tiers expert et l'arrêté qui nomme tiers expert un autre que lui est radicalement nul (arrêts déjà cités des 21 juil. 1839, 10 janv. 1850, 8 juin 1850, 8 déc. 1853, 27 mars 1856, 23 fév. 1861, 17 janv. 1873, 4 janv. 1878) (Alméras).

299. — Pour les travaux de chemins vicinaux, le tiers expert est choisi par le conseil de préfecture parmi les ingénieurs qui, attachés à des travaux d'utilité publique ont à leur égard les attributions des ingénieurs ordinaires (arrêt du 10 janvier 1850).

300. — Pour les autres cas, le conseil a le droit de nommer qui il lui convient (25 mars 1846, 1er juin 1850).

Cependant il a été jugé que, lorsqu'il s'agit de dommages causés par l'exécution de travaux militaires ordonnés par l'État, par assimilation à ceux de grande voirie, l'expert de droit doit être encore l'ingénieur en chef du département (arrêt du 4 janv. 1878 ; Alméras).

Mais cette disposition nous paraît en complète contradiction avec les véritables principes ; nous la déclarons absolument critiquable.

301. — Les dispositions de l'art. 56, § 2 de la loi du 16 sept. 1807 ne sont pas applicables quand, au lieu de s'adresser directement au préfet, le propriétaire saisit directement le conseil de préfecture de sa demande d'indemnité.

Dans ce cas, le conseil de préfecture peut nommer le tiers expert (arrêt du 1er avril 1868).

302. — Les tiers experts, à l'exception de l'ingénieur en chef tiers expert de droit, sont obligés de prêter serment.

A moins que les parties ne les dispensent de cette formalité.

Du tiers expert de droit.

303. — Lorsque c'est l'ingénieur en chef qui est tiers expert, c'est-à-dire pour les travaux de grande voirie, il porte le nom de *tiers expert de droit* à cause de la disposition légale de l'art. 56 qui l'impose.

Cette prescription est tellement formelle que la délégation donnée par le conseil de préfecture à un de ses membres pour aller visiter les lieux ne peut la remplacer (arrêt du 20 juil. 1847).

304. — Mais c'est exclusivement en matière de grande voirie qu'il en est ainsi ; en dehors de ce cas, l'ingénieur en chef n'est plus désigné de droit (arrêts des 13 fév. 1862, 30 janv 1863 et 23 nov. 1865).

305. — Le législateur a voulu que ce fût le même qui a mené les travaux qui fît la tierce expertise.

306. — Le telle sorte que lorsqu'il y a dans le département plusieurs ingénieurs en chef ayant des services différents, c'est celui qui a dirigé les travaux donnant lieu aux difficultés qui doit être désigné (arrêt du 21 juin 1866).

L'avis de ce fonctionnaire est absolument indispensable.

307. — Il ne lui est pas dû d'honoraires pour la tierce expertise.

308. — Aucune cause de récusation n'existe contre lui.

309. — Il ne peut être récusé même dans le cas où il aurait antérieurement émis une opinion contraire à la réclamation (11 août 1859).

310. — Il n'est pas même tenu de prêter serment.

La jurisprudence décide que le serment général qu'il a fait de bien remplir ses fonctions tient lieu de serment spécial pour un acte qu'il fait, non de son plein gré, mais en exerçant ces mêmes fonctions (arrêts du Conseil d'Etat des 19 janv. 1850 et 21 juin 1854).

Remarquons toutefois, qu'elle ne le dispense pas formellement du serment, mais décide seulement *qu'il n'y a pas nullité* s'il n'a pas prêté un serment spécial.

310. — Il en serait autrement dans tout autre cas, notamment s'il s'agissait de travaux faits par une commune ou si la réclamation était dirigée contre un concessionnaire.

Les mêmes raisons n'existant plus alors, le serment est nécessaire.

311. — Il est, du reste, à remarquer que dans la pratique l'ingénieur en chef prête serment, même lorsqu'il est expert de droit, dans les termes de l'art. 56.

312. — La loi étant muette sur ce point, la jurisprudence dispense le tiers expert de droit :

De se transporter sur les lieux litigieux (arrêts des 20 nov. 1851, 1ᵉʳ déc. 1853 et 31 mai 1855);

313. — D'entendre les parties (arrêt du 31 juill. 1862);

314. — De conférer avec les précédents experts;

315. — De se rallier à l'une ou l'autre des opinions

9

qu'ils ont émises, si bien, qu'il peut adopter un troisième avis (arrêts des 31 mai 1855 et 17 avril 1856).

316. — La seule obligation qui lui est imposée est d'examiner les avis exprimés.

Le Conseil d'Etat décide, en effet, qu'il ne peut se dispenser de discuter les avis des deux premiers experts et que c'est à tort qu'il se contenterait d'adopter simplement les conclusions du rapport fait par un ingénieur ordinaire sur le litige (arrêts des 13 janv. 1865 et 3 août 1865).

317. — Mais il admet que quand l'ingénieur procède à une tierce expertise en vertu de l'art. 56 de la loi du 16 sept. 1807, *il remplit suffisamment sa mission* en rédigeant un rapport dans lequel, après avoir discuté les avis des deux experts, il exprime une opinion personnelle sur l'allocation d'une indemnité (arrêt du 21 nov. 1873).

318. — Il a donc, en résumé, ce droit inouï d'apprécier personnellement et à sa guise, les questions soulevées sans même examiner les éléments d'instruction, les preuves et les arguments fournis par les parties, ni tenir aucun compte des motifs et des opinions exprimés dans les rapports.

319. — Il en résulte que le tiers expert de droit devient le seul expert, par conséquent, l'arbitre unique du procès.

Si bien, qu'il est arrivé que l'ingénieur en chef se bornait quelquefois à s'approprier le rapport d'un agent inférieur auquel on avait demandé un rapport sur la réclamation faisant l'objet du procès.

320. — Sans doute, le préfet peut, dans tous les cas, ordonner une nouvelle expertise ; mais c'est là un contre-poids illusoire.

L'avis de l'ingénieur en chef, à cause de sa valeur technique, du caractère officiel dont il est revêtu, des intérêts qu'il représente, est presque toujours adopté.

Or, l'administration étant toujours défenderesse aux procès relatifs aux dommages causés par l'exécution des travaux payés par l'État ou le département, et l'ingénieur en chef qui a dirigé ces travaux en faisant lui-même partie, puisqu'il est un de ses fonctionnaires, bien plus étant chargé de défendre ses intérêts, il en résulte que dans toutes les tierces expertises de droit, l'administration est *juge* et *partie.*

Et le plus fâcheux est que cette anomalie tend à s'appliquer à tous les cas où l'administration a à choisir un expert. Le Conseil d'État a décidé, en effet, qu'elle jouissait d'une *liberté illimitée,* si bien que lorsque, par exemple, elle avait choisi pour expert un conducteur attaché aux travaux objets du litige et qu'il y avait désaccord entre les experts, le conseil de préfecture pouvait désigner, — par analogie, sans doute, au cas, cependant si spécial de l'art. 50, — pour tiers expert, un conducteur chargé par l'administration, partie au procès, de diriger les travaux litigieux (3 décembre 1857).

Disons donc que la tierce expertise telle qu'elle est organisée par l'art. 56 de la loi de 1807 et comprise par la jurisprudence, en matière d'indemnité, pour dommages résultant de l'exécution des travaux publics est une monstruosité.

En effet, le tiers expert — ou expert de droit — étant précisément le représentant de l'administration, un des plaideurs, et, de plus, le directeur des travaux exécutés, se trouve dans les conditions les plus défavorables pour conserver l'impartialité indispensable à tout expert qui tient à remplir consciencieusement son mandat.

Par sa position, son caractère, la responsabilité qui pèse sur lui, la liberté d'appréciation qui lui est laissée, il lui est bien difficile, pour ne pas dire impossible, de tenir la balance droite.

Partie de l'administration, la représentant lui-même, il ne peut la condamner que dans des cas très rares.

Directeur des travaux, il ne peut pas reconnaître qu'ils ont été exécutés en causant de grands dommages au propriétaire.

Libre de donner un avis en dehors de ceux exprimés, il ne peut être défavorable aux intérêts qu'il est chargé de garder.

Il est bien véritablement le défenseur, l'avocat de l'une des parties : l'*administration*.

Par suite, l'expertise n'est plus qu'une vaine formalité

toute théorique, dissimulant en réalité, l'arbitraire le
plus absolu.

En effet, qui protège les intérêts du demandeur ?

L'arbitre choisi par lui !

Mais son avis, combattu par l'expert de l'administration, choisi avec soin parmi les plus dévoués, est réduit
à néant par l'expert de droit, qui peut n'en tenir aucun
compte et, le plus souvent, ne s'en préoccupe que pour
le combattre.

En fait, c'est l'administration qui apprécie elle-même
ou par son agent l'indemnité à payer.

De telle sorte que, toutes formes écartées, le procès
n'est qu'un trompe l'œil, et qu'au fond c'est bien l'au-
teur des dommages qui en fixe la réparation.

Une pareille disposition légale n'est pas supportable.

Elle blesse tous nos principes de droit et d'égalité.
Elle laisse peser sur le corps si honorable de nos ingénieurs une situation intolérable.

Car, quels que soient leur indépendance et leur esprit
de justice, il y a des positions qui s'imposent, ils ont beau
faire, à l'inverse de la femme de César ; ils seront toujours soupçonnés tant qu'ils seront chargés de ces
deux rôles inconciliables d'*appréciateur* et de *responsable*.

En outre, la tierce expertise ne devient plus qu'un
mot, parce que, en somme, au lieu de deux avis il n'y
en a plus qu'un, et que des deux instructions très lentes
forcément, c'est la plus incomplète qui prédomine.

Il est bien vrai que si le conseil de préfecture juge

l'expertise insuffisante, il peut recourir à divers moyens supplémentaires pour s'éclairer ; mais ce n'est là qu'un *palliatif*, n'ayant que très rarement des effets utiles dans la pratique.

324. — Remarquons en passant que cette tierce expertise anormale est en complète contradiction avec les principes posés par notre Code de procédure, en matière d'arbitrage, dans les art. 1003 et suivants.

Aux termes de l'art. 1017, en effet, en cas de partage des premiers arbitres, ils sont autorisés à nommer un tiers arbitre ou à le faire nommer par le président du tribunal. Mais ce tiers arbitre, uniquement nommé pour les départager, doit conférer avec les premiers arbitres dont il reçoit des avis distincts et motivés, et, de plus et surtout *est tenu de se conformer à l'un des avis des autres arbitres.*

Cela est logique, cela est juste.

Chaque partie a nommé un arbitre, parce qu'elle le croit honnête, capable, indépendant, parce que, en un mot, *elle a confiance en lui.* Le tiers arbitre, introduit par accident dans l'arbitrage, n'est plus alors qu'un complément de ce tribunal exceptionnel, tout de confiance, et il ne sort pas de son rôle en imposant son avis, il choisit simplement, entre les deux opinions exprimées par les mandataires des intéressés, celle qui lui paraît la plus équitable.

Les art. 303 et suiv., C. proc., réglant l'expertise, bien plus sages et bien plus prévoyants que la loi de

1807, suppriment la tierce expertise par la nomination d'un ou de trois experts.

Ils la moralisent par ce droit de récusation accordé absolument aux parties, et que l'art. 56 de la loi de 1807 n'admet pas pour le tiers expert de droit.

Ils réduisent la durée des opérations et par suite la perte de temps et les frais.

Rien de pareil dans la tierce expertise imposée par l'art. 56 de la loi de 1807.

Aussi cet article a-t-il depuis longtemps excité les critiques de tous les esprits soucieux de maintenir dans nos lois l'esprit de justice qu'il n'en faut jamais bannir.

Son abrogation a été plusieurs fois réclamée, et, dès le 10 juin 1870, une modification totale en avait été demandée.

Dans le projet de loi présenté alors aux Chambres, pour régler la procédure à suivre devant les conseils de préfecture, un nouveau système, s'écartant notablement de la loi de 1807, était proposé.

Des règles uniformes d'expertises, sauf pour celles relatives aux réclamations en matière de contributions, y étaient établies.

Les circonstances terribles que nous avons traversées ont empêché de donner à ce projet la suite qu'il comporte, mais nul doute qu'on y revienne bientôt.

On donnera ainsi satisfaction aux intérêts en jeu et on supprimera un abus véritablement intolérable et indigne de nos lois et de nos principes.

Il est évident que la législation de 1807 n'a eu en

vue que les intérêts du Trésor, et a pris toutes les précautions pour les sauvegarder. Elle a désigné l'ingénieur en chef comme tiers expert forcé ou expert de droit, parce qu'elle a supposé avec juste raison qu'il résisterait aux demandes de fortes indemnités.

De là tout naturellement une suspicion inévitable de la part du demandeur, et une situation anormale des plus critiquables appelant une réforme urgente.

Une révision et une unification de la procédure administrative, en matière de travaux publics, sont inévitables.

322. — Lorsque le tiers expert a terminé sa mission, il rédige son rapport et le dépose soit au préfet, si ce dernier l'a nommé, soit au greffe du conseil de préfecture dans le cas contraire.

323. — Les parties sont avisées de ce dépôt et peuvent toujours en prendre communication et copie.

324. — Le préfet alors peut le communiquer au contrôleur et au directeur des contributions, qui lui donnent leur avis ; mais le défaut d'avis de ces deux fonctionnaires n'est pas une cause de nullité (arrêt du 4 fév. 1869) ; et puis le soumet à la délibération du conseil de préfecture, ou bien fait faire une nouvelle expertise.

Dans les deux cas, il est procédé comme nous l'avons dit plus haut.

325. — En principe, le rapport du tiers expert, pas plus que celui des experts, n'oblige le conseil à rendre une décision conforme à l'opinion qui y est exprimée ; mais il est facile de comprendre, pour les causes que nous avons indiquées, que, dans la pratique, ses conclusions sont presque toujours adoptées.

326. — Les parties n'en ont pas moins toujours et absolument le droit de le discuter comme les autres documents du procès.

327. — En cas d'expertise insuffisante, un seul architecte ne peut faire le supplément d'expertise, embrassant l'ensemble des contestations (arrêt du 7 janv. 1869).

DES CAUSES DE NULLITÉ.

328. — Le principe général que : lorsqu'aucune forme sacramentelle n'a été imposée par la loi, les nullités encourues peuvent être couvertes par une ratification expresse ou tacite des parties, est aussi applicable en matière d'expertise.

329. — Les parties intéressées peuvent, en effet, seules, se plaindre de la nullité, toutes les fois qu'il ne s'agit pas d'une question d'ordre public.

330. — Ainsi la partie qui requiert la prestation de serment d'un tiers expert ne peut plus le récuser (arrêt du 17 avril 1750).

331. — L'acquiescement à la désignation des experts, lorsque l'expertise a été ordonnée par le Préfet et non par le conseil de préfecture, rend irrecevable le pourvoi fondé sur cette irrégularité (arrêt des 28 juill. 1859 et 9 août 1865).

332. Un arrêté, basé sur une expertise irrégulière, ne doit pas être annulé si le réclamant ne conteste pas la régularité de l'expertise (arrêt du 9 fév. 1850).

333. — Bien que des expertises faites par des experts nommés d'office, sans que les parties aient été mises en demeure de faire elles-mêmes cette nomination soient annulables (arrêts des 24 août 1845, 31 août 1849, 14 sept. 1852, 9 nov. 1852, 28 juin 1855), cette nullité est couverte par l'assistance et le concours des parties aux opérations des experts nommés d'office (arrêts des 6 juill. 1850, 5 déc. 1860, 15 mai 1862, 20 mai 1864, 10 déc. 1864).

334. — Il n'y a pas nullité de ce que les parties n'ont pas été mises en demeure d'assister à l'expertise si le procès-verbal de cette opération a été porté à leur connaissance (arrêt du 4 fév. 1869).

335. — On ne peut, devant les experts, augmenter les chefs de demande (arrêt du 22 déc. 1863).

336. — Mais lorsque des faits nouveaux se produisent en cours d'instruction, le conseil de préfecture peut changer la mission des experts déjà nommés (arrêt du 11 mars 1869).

337. — Et il peut statuer sur un nouveau chef, après l'expertise, lorsque ce chef n'est que le développement et la conséquence de la demande primitive (arrêt du 6 janv. 1865).

DISPOSITIONS GÉNÉRALES.

338. — Les frais des expertises obligatoires et volontaires sont habituellement supportés par celui qui succombe ou partagés proportionnellement entre les parties quand elles ont raison sur certains points et tort sur d'autres, même quand l'État est en cause (arrêts des 18 août, 11 déc. 1850, 29 juill. 1858, 12 mai 1859).

339. — C'est le conseil de préfecture qui fixe les honoraires des experts, en tenant compte des circonstances (arrêt du 29 nov. 1855).

340. — Par exception, il n'est pas dû d'honoraires à l'ingénieur en chef nommé tiers expert de droit dans les termes de l'art. 56 de la loi du 16 sept. 1807.

341. — L'État peut être condamné aux frais de l'expertise rendue nécessaire par ses prétentions mal fondées.

342. — Le particulier ne doit supporter une partie des frais d'expertise, en matière de dommages, même en cas de demande exagérée, qu'autant que des offres d'indemnité lui ont été faites (arrêt du 11 août 1869).

343. — Les experts nommés, en vertu d'une décision du Conseil d'Etat, pour vérifier des travaux publics ont qualité pour intervenir dans l'instance engagée entre les parties pour faire condamner celles-ci à leur payer les sommes nécessaires à la marche de l'expertise, à la condition que la décision contient une disposition à cet égard ou qu'ils ont le consentement des parties ou de l'une d'elle (arrêt du 7 août 1875).

344. — En conséquence, un tribunal administratif peut, en nommant des experts, décider qu'il leur sera attribué une certaine somme à titre d'avance ; ce n'est, en effet, que l'application de son droit de prescrire ce qui est nécessaire pour l'exécution des mesures qu'il a ordonnées. Mais les experts ne peuvent exiger des parties des *avances*, en l'absence de cette décision.

DES EXPERTISES

ORDONNÉES PAR LE CONSEIL D'ÉTAT.

---

315. — Le Conseil d'État peut, toutes les fois qu'il le juge à propos, ordonner des expertises (arrêts des 30 mai 1821, 15 déc. 1824, 10 janv. 1827, 5 avril 1833, 4 juill. 1837).

316. — Lorsque le Conseil d'État prend cette voie de vérification, tout à fait facultative, il doit se conformer aux règles qu'il impose lui-même aux conseils de préfecture, et que nous venons d'indiquer.

Mais ce cas est extrêmement rare, le conseil se trouvant presque toujours suffisamment éclairé par la première instruction ou celle qu'il a faite lui-même par l'examen des pièces du dossier.

317. — Pas plus que les conseils de préfecture, le Conseil d'État n'est lié par l'opinion des experts qu'il a nommés, et comme le premier, il peut puiser ses éléments d'appréciation en dehors de l'*expertise* et s'éclairer, s'il le juge utile, par tout autre mode d'instruction (arrêt du 17 sept. 1869); même s'en tenir à l'expertise faite devant le conseil de préfecture (arrêt du 5 mai 1830).

318. — S'il juge une expertise nécessaire, il peut ordonner qu'il y sera procédé par le conseil de préfecture qui a prononcé en premier ressort sans y avoir recours (arrêt du 24 janv. 1845); même par des juges de paix, des maires, des préfets, sous-préfets et ingénieurs (5 avril 1833, 15 août 1834).

Il peut, en annulant un arrêté basé sur une expertise irrégulière ou incomplète, renvoyer devant le conseil de préfecture qui a connu de l'affaire, afin qu'il juge de nouveau après une nouvelle expertise (arrêts des 22 mai 1822, 23 août 1836, 18 mai 1837, 19 mars 1845).

349. — Si l'instruction lui paraît suffisante, même alors que les parties demandent une nouvelle expertise, il peut juger le fond sans y procéder (arrêts des 26 oct. 1825 et 25 avril 1828).

CONCLUSION

Notre système législatif, si remarquable à tant de titres, excite surtout l'admiration, parce qu'il est la consécration des éternels principes de justice et d'équité.

C'est parce qu'il repose sur les bases immuables de la vérité, qu'il a été accepté en Belgique, en Suisse, en Espagne, qu'il jouit en Europe d'une considération générale et que son adoption tend chaque jour à se généraliser.

Nos *Codes civil, de procédure, de commerce, d'instruction criminelle*, bien appropriés aux besoins sociaux, répondent admirablement aux matières qu'ils traitent.

Pourquoi, par une fâcheuse lacune, n'avons-nous pas encore un code administratif?

Est-ce que la matière en est plus ardue, offre des questions d'une solution plus délicate, présente des difficultés insurmontables?

Pas le moins du monde.

Il faut le reconnaître, cela tient à notre système de centralisation à outrance, surtout à l'envahissement et à l'omnipotence de l'autorité administrative intéressée dans la question.

Dans tout procès porté devant les conseils de préfecture, l'administration est partie.

Le préfet, président-né du conseil, représente l'administration; le secrétaire général, exerçant habituellement les fonctions de commissaire du gouvernement, fait partie de l'administration, — qu'il représente même en l'absence du préfet; — les conseillers, presque tous débutants dans la carrière, ont pour objectif d'entrer dans l'administration.

De là les lois bizarres *de bon* plaisir, — telle que celle de 1807 avec son étonnant article 56,— faites, non pas dans l'intérêt, mais contre l'intérêt des particuliers, uniquement à l'avantage de l'administration.

De là aussi le sentiment général de crainte qu'inspirent les tribunaux administratifs à leurs justiciables.

Mais ce régime de *partialité* déguisée dont le but certain est d'éviter à l'État, autant que faire se peut, la perte des procès qu'il soutient a fini par éclater au grand jour.

Ses conséquences odieuses ont soulevé de telles protestations qu'on peut espérer qu'il a fait son temps.

La nécessité d'une législation impartiale, claire et complète, réglementant les matières administratives en général et les expertises en particulier, n'est donc plus à démontrer; il n'y a qu'à hâter par tous les moyens possibles une réforme moralisatrice aussi urgente qu'inévitable.

Les meilleurs esprits se sont rencontrés pour demander depuis longtemps l'unification des principes applicables aux expertises, aujourd'hui véritable chaos, composé des éléments les plus disparates, qu'augmentent encore les décisions contradictoires du Conseil d'État.

Celui-ci, en effet, qui devrait être le gardien fidèle des véritables principes, le corps enseignant du contentieux administratif, le guide sûr des conseils de préfecture, dont les membres sont pour la plupart inexpérimentés, varie en ces matières trop souvent sa doctrine, en passant brusquement comme une boussole affolée, des opinions les plus extrêmes à celles qui leur sont diamétralement opposées.

De telle sorte que les tribunaux du 1er degré ne sachant plus où est la vérité, voient avec stupéfaction le conseil suprême, se déjugeant lui-même, annuler leurs arrêts, soit qu'ils aient appliqué la jurisprudence la plus récente, soit qu'ils l'aient transgressée.

Cependant les matières administratives ont pris une extension et une importance qu'on ne saurait nier.

Les travaux les plus gigantesques, les constructions d'une importance énorme s'exécutent chaque jour pour l'État, les départements et les villes, par suite, les procès que la jurisprudence administrative est appelée à juger sont d'un intérêt considérable, se chiffrant souvent par des millions.

N'est-il pas déplorable de voir les conseils de préfecture appelés à trancher de pareils litiges, d'où dépendent la ruine ou la fortune des particuliers, renvoyés qu'ils sont à chaque instant d'une jurisprudence à une autre dans des cas identiques, par le Conseil d'État, variant comme à plaisir ses décisions, en être à se demander encore, dans la matière qui nous occupe :

Dans quel cas ils ont la faculté d'ordonner d'office des expertises;

S'ils ont bien le droit de désigner eux-mêmes des experts;

D'en nommer un, deux, trois;

Quelles règles ils doivent suivre;

Quelles formes ils ont à observer ?

Un pareil état d'incertitude ne peut continuer.

Il est, du reste, tellement intolérable que, dès 1865, la loi du 21 juillet reconnaissant la nécessité d'une législation complète posait le principe en ces termes :

« Art. 14.—Un règlement d'administration publique déterminera provisoirement :

« 1° Les délais et les formes dans lesquels les arrêtés contradictoires ou non contradictoires des conseils de préfecture peuvent être attaqués;

« 2° Les règles de procédure à suivre devant le conseil de préfecture, notamment pour les enquêtes, *les expertises* et la visite des lieux;

« 3° En ce qui concerne les dépens.

« Il sera statué par une loi dans un délai de 5 *ans*. »

Et le 10 juin 1870, le Gouvernement présentait au Sénat un projet de loi sur la procédure à suivre devant les conseils de préfecture, établissant des règles uniformes pour les expertises et s'écartant notablement du système de la loi du 16 sept. 1807.

Malheureusement aucun de ces projets n'a été réalisé, et nous en sommes toujours en ces matières à l'espérance et à la formation de vœux non encore entendus.

Cependant il y a de trop grands intérêts en jeu pour qu'une pareille situation s'éternise.

La solution de la question est du reste facile, quand on le voudra bien.

La procédure administrative doit être simple, rapide et économique, tout en sauvegardant les droits des plaideurs.

A ce point de vue, elle a une parfaite analogie avec la procédure commerciale qui répond admirablement aux besoins et aux exigences des justiciables dont elle a à juger les différends.

Il faut donc au plus tôt faire pour les procès administratifs, ce qui, a été fait pour les procès commerciaux, civils, criminels, etc., une législation et une procédure définitives et complètes.

C'est, du reste, ce qu'avait fait le projet de loi déposé au Sénat le 10 juin 1870, et que nous reproduisons page 171.

En ce qui concerne les expertises, le progrès à accomplir est encore plus simple, et si le mal dure encore, ce n'est pas que le remède soit bien difficile à appliquer.

Le projet de loi du 10 juin 1870 en indique un qui répond absolument à nos idées et à celles des auteurs les plus autorisés.

Tout heureux que nous sommes de nous être rencontré avec les législateurs de 1870, nous croyons que, tout en conservant le fond de leur système, on peut encore en simplifier l'application.

Une loi en un article paraît devoir suffire.

Celui-ci devrait n'avoir que deux phrases :

La première abrogeant les dispositions exceptionnelles des lois des 16 sept. 1807 et 21 mai 1836 ;

Et la seconde rendant obligatoire, en matière administrative, les dispositions du titre XIV sur les expertises du Code de procédure civile.

La formule en est si simple que nous n'hésitons pas à la donner ci-après :

Loi sur les expertises en matière administrative.

ARTICLE UNIQUE.

« Les art. 56 et 57 de la loi du 16 sept. 1807 et la
« loi du 21 mai 1836 sont abrogés.

« Les dispositions du titre XIV, C. proc. civ., con-
« tenues dans les art. 302 et suiv., jusqu'à l'art. 323
« inclusivement, sont applicables aux expertises or-
« données en matières administratives. »

Nous croyons ne pas nous faire illusion en affirmant

qu'une pareille loi serait la bienvenue, répondrait aux critiques depuis longtemps faites contre l'état de choses actuel, et donnerait une légitime satisfaction à tous les intérêts que blessent l'incertitude qui règne encore sur les principes applicables aux opérations administratives et les lenteurs DÉSASTREUSES qu'elle entraîne.

Nous avons planté un nouveau jalon sur la route à tracer. A nos législateurs maintenant à faire le reste et à combler une lacune qui fait tache dans notre législation.

Il ne dépend que d'eux de donner un guide sûr aux tribunaux administratifs, ainsi qu'à leurs justiciables, égarés dans les incertitudes de la jurisprudence et cherchant vainement à trouver leur chemin.

Circonstance à noter : ce que nous demandons en matière administrative a déjà été fait en matière de mines depuis 70 ans !

La loi du 21 avril 1810 sur les mines, au titre IX, *des Expertises*, contient en effet l'article suivant :

« Art. 87. — Dans tous les cas prévus par la présente loi et autres, suivant les circonstances où il y aura lieu à expertise, les dispositions du titre XIV, C. proc. civ., art. 303 à 323, seront exécutées. »

Nous ne désirons pas autre chose.

APPENDICE

LÉGISLATION.

DÉCRET DES 6, 7 ET 11 SEPTEMBRE 1790

RELATIF A LA FORME DE PROCÉDER DEVANT LES AUTORITÉS ADMI-
NISTRATIVES ET JUDICIAIRES EN MATIÈRE DE CONTRIBUTIONS,
DE TRAVAUX PUBLICS ET DE COMMERCE.

. . . .

Art. 3. — Les entrepreneurs de travaux publics seront tenus de se pourvoir sur les difficultés qui pourraient s'élever en interprétation ou dans l'exécution
des clauses de leurs marchés, d'abord par voie de conciliation devant le directoire de district, et dans les
cas où l'affaire ne pourrait être conciliée, elle sera
portée au directoire de département, et décidée par lui
en dernier ressort, après avoir eu l'avis motivé du directoire de district.

Art. 4. — Les demandes et contestations sur le règlement des indemnités dues aux particuliers, à raison des terrains pris ou fouillés pour la confection des chemins, canaux ou autres ouvrages publics, seront portées de même, par voie de conciliation, devant le directoire de district, et pourront l'être ensuite au directoire de département, lequel les terminera en dernier ressort, conformément à l'estimation qui en sera faite par le juge de paix et ses assesseurs.

Art. 5. — Les particuliers qui se plaindront des torts et dommages procédant du fait personnel des entrepreneurs et non du fait de l'administration, se pourvoiront contre les entrepreneurs, d'abord devant la municipalité du lieu où les dommages auront été commis, et ensuite devant le directoire de district, qui statuera en dernier ressort, lorsque la municipalité n'aura pu concilier l'affaire.

. . . .

DÉCRET DU 28 SEPTEMBRE 1791.

Des biens et usages ruraux. -- Police rurale.

SECTION IV.

Des Chemins.

Art. 1er.—Les agents de l'administration ne pourront fouiller dans un champ pour y chercher des pierres, de la terre ou du sable nécessaires à l'entretien des *grandes routes* ou autres *ouvrages publics*, qu'au préalable, ils n'aient averti le propriétaire et qu'il ne soit justement indemnisé à l'amiable ou à dire d'expert, conformément à l'art. 1er du présent décret.

. . . .

LOI DU 28 PLUVIOSE AN VIII

(17 février 1800).

CONCERNANT LA DIVISION DE LA RÉPUBLIQUE ET L'ADMINIS-
TRATION.

TITRE II.

Art. 2.—Il y aura dans chaque département un conseil de préfecture.

. . . .

Art. 4. — Le conseil de préfecture prononcera :

. . . .

Sur les difficultés qui pourraient s'élever entre les entrepreneurs de travaux publics et l'administration, concernant le sens ou l'exécution des clauses de leurs marchés ;

Sur les réclamations des particuliers qui se plaindraient de torts et dommages procédant du fait personnel des entrepreneurs et non du fait de l'administration ;

Sur les demandes et contestations concernant les indemnités dues aux particuliers, à raison des terrains pris ou fouillés pour la construction des chemins, canaux et autres ouvrages publics ;

Sur les difficultés qui pourraient s'élever en matière de grande voirie.

. . . .

CODE DE PROCÉDURE CIVILE

(1re partie, livre II, titre XIV).

LOI DU 14 AVRIL 1806.

Des rapports d'experts.

Art. 302. — Lorsqu'il y aura lieu à un rapport d'experts, il sera ordonné par un jugement, lequel énoncera clairement les objets de l'expertise.

Art. 303. — L'expertise ne pourra se faire que par trois experts, à moins que les parties ne consentent qu'il soit procédé par un seul.

Art. 304. — Si, lors du jugemeut qui ordonne l'expertise, les parties se sont accordées pour nommer les experts, le même jugement leur donnera acte de la nomination.

Art. 305. — Si les experts ne sont pas convenus par les parties, le jugement ordonnera qu'elles seront tenues d'en nommer dans les trois jours de la signification; sinon qu'il sera procédé à l'opération par les experts, qui seront nommés d'office par le même jugement. Ce même jugement nommera le juge-commissaire, qui recevra le serment des experts convenus ou nommés d'office : pourra néanmoins le tribunal ordonner que les experts prêteront leur serment devant le juge de paix du canton où ils procéderont.

Art. 306. — Dans le délai ci-dessus, les parties qui se seront accordées pour la nomination des experts, en feront leur déclaration au greffe.

Art. 307. — Après l'expiration du délai ci-dessus, la partie la plus diligente prendra l'ordonnance du juge et fera sommation aux experts nommés par les parties ou d'office pour faire leur serment, sans qu'il soit nécessaire que les parties y soient présentes.

Art. 308. — Les récusations ne pourront être proposées que contre les experts nommés d'office, à moins que les causes n'en soient survenues pendant la nomination et avant le serment.

Art. 309. — La partie qui aura des moyens de récusation à proposer sera tenue de le faire dans les trois jours de la nomination, par un simple acte signé d'elle ou de son mandataire spécial, contenant les causes de récusation et les preuves, si elle en a, ou l'offre de les vérifier par témoins. Le délai ci-dessus expiré, la récusation ne pourra être proposée, et l'expert prêtera serment au jour indiqué par la sommation.

Art. 310. — Les experts pourront être récusés par les motifs pour lesquels les témoins peuvent être reprochés.

Art. 311. — La récusation contestée sera jugée sommairement à l'audience, sur un simple acte, et sur les conclusions du ministère public, les juges pourront ordonner la preuve par témoins, laquelle sera faite dans la forme ci-après prescrite pour les enquêtes sommaires.

Art. 312. — Le jugement sur la récusation sera exécutoire, nonobstant l'appel.

Art. 313. — Si la récusation est admise, il sera d'office, par le même jugement, nommé un nouvel expert ou de nouveaux experts à la place de celui ou de ceux récusés.

Art. 314. — Si la récusation est rejetée, la par tiequi l'aura faite sera condamnée en tels dommages et intérêts qu'il appartiendra, même envers l'expert, s'il le requiert, mais dans ce cas, il ne pourra demeurer expert.

Art. 315. — Le procès-verbal de prestation de serment contiendra indication par les experts, du lieu et des jour et heure de leur opération. En cas de présence des parties ou de leurs avoués, cette indication vaudra sommation. En cas d'absence, il sera fait sommation aux parties, par acte d'avoué, de se trouver aux jour et heure que les experts auront indiqués.

Art. 316. — Si quelque expert n'accepte point la nomination, ou ne se présente point, soit pour le serment, soit pour l'expertise, aux jour et heure indiqués, les parties s'accorderont sur-le-champ pour en nommer un autre à sa place, sinon la nomination pourra être faite d'office par le tribunal. — L'expert qui, après avoir prêté serment, ne remplira pas sa mission, pourra être condamné par le tribunal qui l'avait commis, à tous les frais frustratoires, et même aux dommages-intérêts, s'il y échet.

Art. 317. — Le jugement qui aura ordonné le rapport et les pièces nécessaires, seront remis aux experts ; les parties pourront faire tels dires et réquisitions qu'elles jugeront convenables, il en sera fait mention dans le rapport ; il sera rédigé sur le lieu contentieux, où dans le lieu et aux jour et heure qui seront indiqués par les experts. La rédaction sera écrite par un des experts et signé par tous, s'ils ne savent pas tous écrire, elle sera écrite et signée par le greffier de la justice de paix où ils auront procédé.

Art. 318. — Les experts dresseront un seul rapport, ils ne formuleront qu'un seul avis à la pluralité des voix ; ils indiqueront néanmoins, en cas d'avis différents, les motifs des divers avis, sans faire connaître quel a été l'avis personnel de chacun d'eux.

Art. 319. — La minute du rapport sera déposée au greffe du tribunal qui aura ordonné l'expertise, sans nouveau serment de la part des experts ; leurs vacations seront taxées au bas de la minute par le président, et il en sera délivré exécutoire contre la partie qui aura requis l'expertise, ou qui l'aura poursuivie si elle a été ordonnée d'office.

Art. 320. — En cas de retard ou de refus de la part des experts de déposer leur rapport, ils pourront être assignés à trois jours, sans préliminaire de conciliation, par-devant le tribunal qui les aura commis, pour se voir condamner, même par corps s'il y échet, à faire

ledit dépôt ; il y sera statué sommairement et sans instruction.

Art. 321. — Le rapport sera levé et signifié à avoué
par la partie la plus diligente, l'audience sera poursuivie par un simple acte.

Art. 322. — Si les juges ne trouvent point dans le
rapport les éclaircissements suffisants, ils pourront ordonner d'office une nouvelle expertise, par un ou plusieurs experts qu'ils nommeront également d'office, et
qui pourront demander aux précédents experts les renseignements qu'ils jugeront convenables.

Art. 323. — Les juges ne sont point astreints à
suivre l'avis des experts, si leur conviction s'y oppose.

LOI DU 16 SEPTEMBRE 1807

RELATIVE AU DESSÈCHEMENT DES MARAIS.

TITRE IX.

Des indemnités aux propriétaires pour occupation de terrains.

. . . .

Art. 56. — *Les experts pour l'évaluation des indemnités relatives à une occupation de terrains seront nommés, pour les objets de travaux de grande voirie, l'un par le propriétaire, l'autre par le préfet, et le tiers expert, s'il en est besoin, sera de droit l'ingénieur en chef du département. Lorsqu'il y aura des concessionnaires, un expert sera nommé par le propriétaire, un par le concessionnaire, et le tiers expert par le préfet.*

Quant aux travaux des villes, un expert sera nommé par le propriétaire, un par le maire de la ville, ou de l'arrondissement pour Paris, et le tiers expert par le préfet.

Art. 57. — Le contrôleur et le directeur des contributions donneront leur avis sur le procès-verbal d'expertise, qui sera soumis, par le préfet, à la délibération du conseil de préfecture ; *le préfet pourra, dans tous les cas, faire faire une nouvelle expertise.*

. . . .

LOI DU 21 MAI 1836

SUR LES CHEMINS VICINAUX.

. . . .

Art. 17. — *Les extractions de matériaux, les dépôts* ou enlèvements *de terre, les occupations temporaires de terrains*, seront autorisés par arrêté du préfet, lequel désignera les lieux ; cet arrêté sera notifié *au moins dix jours* avant que son exécution puisse être commencée.

Si l'*indemnité* ne peut être fixée à l'amiable, elle *sera réglée* par le conseil de préfecture, *sur le rapport d'experts, nommés,* l'UN PAR LE SOUS-PRÉFET, et *l'autre par le propriétaire.*

En cas de discord, *le tiers expert* sera nommé par le conseil de préfecture.

Art. 18. — L'action en indemnité des propriétaires pour les terrains qui auront servi à la confection des chemins vicinaux, et pour extraction des matériaux, sera prescrite par le laps de deux ans.

. . . .

Art. 21. — Dans l'année qui suivra la promulgation de la présente loi, chaque préfet fera, pour en assurer l'exécution, un règlement qui sera communiqué au conseil général et transmis, avec ses observations, au ministère de l'intérieur pour être approuvé, s'il y a lieu.

. . . .

21 JUILLET 1854

RÈGLEMENT GÉNÉRAL DES CHEMINS VICINAUX ENVOYÉ AUX PRÉFETS PAR LE MINISTRE DE L'INTÉRIEUR LE 21 JUILLET 1854.

Section III.

Occupation d'office des terrains.

353. — Lorsque le propriétaire d'un terrain dont l'occupation aura été reconnue nécessaire aura refusé, soit de consentir à cette occupation, soit d'acquiescer aux offres d'indemnité qui lui auront été faites par le maire, un arrêté sera pris par nous pour autoriser l'occupation. — Cet arrêté contiendra mise en demeure du propriétaire de désigner un expert dans un délai qui ne pourra excéder quinze jours à partir de la notification de cet acte.

354. — L'arrêté mentionné en l'article précédent sera notifié par l'intermédiaire du maire et sans frais aux parties intéressées, propriétaires, locataires ou fermiers, dix jours au moins avant l'ouverture des travaux, et la notification sera constatée par un reçu des parties ou par un procès-verbal de l'agent chargé de la notification. Une copie de ce procès-verbal sera laissée au domicile de la partie intéressée, et la minute déposée à la mairie.

355. — Le délai entre la notification et l'ouverture des travaux sera augmenté d'un jour lorsqu'il y aura 3 myriamètres de distance entre la situation des lieux et le domicile desdits propriétaires, locataires ou fermiers. Il sera augmenté de deux jours lorsque la distance sera de 6 myriamètres, et ainsi de suite.

356. — Immédiatement après l'extraction des matériaux ou l'occupation temporaire des terrains, les experts nommés dans la forme voulue par l'art. 17 de la loi du 21 mai 1836 procéderont contradictoirement à l'appréciation des dommages causés.

357. — Les experts devront préalablement, à toute opération, prêter serment devant le conseil de préfecture pour l'arrondissement chef-lieu et devant le sous-préfet pour les autres arrondissements.

358. — Si le propriétaire, locataire ou fermier avait refusé ou négligé de nommer un expert, il nous en serait rendu compte et nous provoquerions, près le conseil de préfecture, la nomination d'office d'un expert dans l'intérêt du propriétaire.

359. — Les experts rédigeront procès-verbal de l'appréciation des dommages et indiqueront le taux de l'indemnité qui leur paraîtra être due. — S'ils ne sont pas d'accord entre eux, il nous en sera rendu compte, et nous provoquerons la nomination d'un tiers expert, qui devra également prêter serment.

360. — Les procès-verbaux d'appréciation des dommages nous seront transmis par l'intermédiaire du sous-préfet de l'arrondissement, et il sera statué sur le règlement de l'indemnité par le conseil de préfecture.

361. — Les frais d'expertise seront taxés par le conseil de préfecture, sur mémoire des experts en double minute, dont une sera écrite sur papier timbré.

362. — La décision du conseil de préfecture fixant l'indemnité due pour l'occupation temporaire du terrain ou l'extraction des matériaux sera notifiée administrativement aux parties intéressées. Cette notification sera constatée, soit par un reçu des personnes auxquelles elle sera faite, soit par un procès-verbal de l'agent chargé de l'effectuer.

363. — Les indemnités, réglées ainsi qu'il vient d'être dit, seront payées par les entrepreneurs de travaux lorsque les cahiers de charges le détermineront ainsi.

Elles le seront par les communes, lorsque les travaux se feront sur les chemins vicinaux de petite communication, soit par des prestataires, soit par régie ou par tâches. — Elles seront acquittées sur un mandat et sur les fonds affectés aux travaux, lorsqu'il s'agira de chemins de grande communication.

. . . .

DÉCRET DU 8 JUIN 1868

PORTANT RÈGLEMENT POUR LES OCCUPATIONS TEMPORAIRES DE
TERRAINS NÉCESSAIRES A L'EXÉCUTION DES TRAVAUX PUBLICS.

Art. 1er. — Lorsqu'il y a lieu d'occuper temporairement un terrain, soit pour y extraire des terres ou des matériaux, soit pour tout autre objet *relatif à l'exécution des travaux publics*, cette occupation est autorisée par un arrêté du préfet, indiquant le nom de la commune où le terrain est situé, les numéros que les parcelles dont il se compose portent sur le plan cadastral et le nom du propriétaire.

Cet arrêté vise le devis qui désigne le terrain à occuper ou le rapport par lequel l'ingénieur en chef chargé de la direction des travaux propose l'occupation.

Un exemplaire du présent règlement est annexé à l'arrêté.

Art. 2. — Le préfet envoie ampliation de son arrêté à l'ingénieur en chef et au maire de la commune ; l'ingénieur en chef en remet une copie certifiée à l'entrepreneur, le maire notifie l'arrêté au propriétaire des terrains ou à son représentant.

Art. 3. — En cas d'arrangement entre le propriétaire et l'entrepreneur, ce dernier est tenu de présenter aux ingénieurs, toutes les fois qu'il en est requis, le consentement du propriétaire ou le traité qu'il a fait avec lui.

Art. 4. — A défaut de convention amiable, l'entrepreneur, préalablement à toute occupation du terrain désigné, faitau propriétaire ou s'il ne demeure pas dans la commune, à son fermier locataire ou gérant, une notification par lettre chargée indiquant le jour où il compte se rendre sur les lieux ou s'y faire représenter. Il l'invite à désigner un expert pour procéder contradictoirement avec celui qu'il aura lui-même choisi à la constatation de l'état des lieux.

En même temps, l'entrepreneur informe par écrit le maire de la commune de la notification faite par lui au propriétaire.

Entre cette notification et la visite des lieux, il doit y avoir un intervalle de dix jours au moins.

Art. 5. — Au jour fixé, les deux experts procèdent ensemble à leurs opérations contradictoires, ils s'attachent à constater l'état des lieux, de manière qu'en rapprochant plus tard cette constatation de celle qui sera faite après l'exécution des travaux on ait des éléments nécessaires pour évaluer les dépréciations du terrain et faire l'estimation du dommage; ils font eux-mêmes cette constatation si l'entrepreneur et le propriétaire y consentent.

Ils dressent leur procès-verbal en trois expéditions, dont l'une est remise au propriétaire du terrain, une autre à l'entrepreneur et la troisième au maire de la commune.

Art. 6. — Si dans le délai fixé par le dernier paragraphe de l'art. 4 le propriétaire refuse ou néglige de nommer un expert, le maire en désigne un d'office pour opérer contradictoirement avec l'expert de l'entrepreneur.

Art. 7. — Immédiatement après les constatations prescrites par les articles précédents, l'entrepreneur peut occuper le terrain et y commencer les travaux autorisés par l'arrêté du préfet, tous les droits des propriétaires étant réservés en ce qui concerne le règlement de l'indemnité.

Toutefois, s'il existe sur ce terrain des arbres fruitiers ou de haute futaie qu'il soit nécessaire d'abattre, l'entrepreneur est tenu de les laisser subsister jusqu'à ce que l'estimation en ait été faite dans les formes voulues par la loi.

En cas d'opposition de la part du propriétaire, l'occupation a lieu avec l'assistance du maire ou de son délégué.

Art. 8. — Après l'achèvement des travaux, et s'ils doivent durer plusieurs années à la fin de chaque campagne, il est fait une nouvelle constatation de l'état des lieux.

A défaut d'accord entre l'entrepreneur et le propriétaire pour l'évaluation partielle ou totale de l'indemnité, il est procédé conformément à l'art. 56 de la loi du 16 sept. 1807.

Art. 9. — Lorsque les travaux sont exécutés directement par l'administration, sans l'intermédiaire d'un
entrepreneur, il est procédé comme il a été dit ci-
dessus; mais alors la notification prescrite dans l'art. 4
est faite par les soins de l'ingénieur, et l'expert chargé
de constater l'état des lieux, contradictoirement avec
celui du propriétaire, est nommé par le préfet.

Art. 10. — Notre ministre est chargé de l'exécution. . . . .

PROJET DE LOI

ADOPTÉ PAR LE CONSEIL D'ÉTAT, SUR LA PROCÉDURE A SUIVRE DEVANT LES CONSEILS DE PRÉFECTURE.

(Déposé au Sénat, dans sans sa séance du 10 juin 18..)

TITRE PREMIER.

Introduction des instances et mesures générales d'instruction.

Art. 1er. — Les requêtes introductives d'instance concernant les affaires sur lesquelles le conseil de préfecture est appelé à statuer par la voie contentieuse, doivent être déposées au greffe du conseil.

Ces requêtes sont inscrites, à leur arrivée, sur un registre d'ordre qui doit être tenu par le secrétaire-greffier; elles sont en outre marquées, ainsi que les pièces qui y sont jointes, d'un timbre qui indique la date de l'arrivée.

Le secrétaire greffier doit délivrer aux parties qui en font la demande, un certificat constatant l'arrivée au greffe de la réclamation et des différents mémoires produits.

Art. 2. — La requête introductive d'instance doit contenir les nom, profession et domicile du démandeur, les nom et demeure du défendeur, l'exposé des faits qui donnent lieu à la demande, les moyens et les conclusions, l'énonciation des pièces dont le requérant entend se servir et qui y sont jointes.

Le requérant indique en outre s'il entend user du droit de présenter des observations orales à la séance publique où l'affaire sera portée pour être jugée.

Art. 3. — Les requêtes présentées, soit par les particuliers soit par l'administration, doivent être accompagnées de copies certifiées conformes par le requérant, destinées à être notifiées aux parties en cause. Ces copies ne sont pas assujetties au droit de timbre.

Lorsqu'aucune copie n'est produite, ou lorsque le nombre des copies n'est pas égal à celui des parties ayant un intérêt distinct, auxquelles le conseil de préfecture aurait ordonné la communication prescrite par l'art. 6, le demandeur est averti par le secrétaire greffier qu'il ne peut être donné suite à sa demande tant que lesdites copies n'auront pas été produites.

Si la production n'est pas faite dans le délai d'un mois à partir de cet avertissement, le conseil de préfecture déclare la requête non avenue.

Art. 4. — Les parties peuvent faire signifier leur demande par exploit d'huissier. Dans ce cas, l'original de l'exploit est déposé au greffe. Si ce dépôt n'est pas fait dans le délai de huit jours à dater de la signification, l'exploit est périmé.

Les frais de la signification par huissier n'entrent pas en taxe.

Art. 5. — Immédiatement après l'enregistrement au greffe des requêtes introductives d'instance, le président du conseil de préfecture désigne un rapporteur, auquel le dossier est remis dans les vingt-quatre heures.

Art. 6. — Le conseil de préfecture, réuni en chambre de conseil, ordonne, sur la proposition du rapporteur, la communication aux parties intéressées des requêtes introductives d'instance.

Il fixe, eu égard aux circonstances de l'affaire, le délai accordé aux parties pour fournir leur défense.

Art. 7. — Les décisions prises par le conseil de préfecture pour l'instruction des affaires, dans les cas prévus par l'article précédent, sont notifiées aux parties dans la forme administrative, sur l'ordre du président du conseil et par l'agent qu'il désigne, en même temps que les copies des requêtes et mémoires déposés au greffe en exécution de l'art. 3.

L'acte de notification doit, en outre, indiquer que les parties sont invitées à faire connaître, en produisant leur défense écrite, si elles entendent user du droit de présenter des observations orales à la séance publique où l'affaire sera portée pour être jugée.

Il est donné récépissé de cette notification.

A défaut de récépissé, il est dressé procès-verbal de la notification par l'agent qui l'a faite.

Le récépissé ou le procès-verbal est transmis immédiatement au greffe du conseil de préfecture.

Art. 8. — Les parties ou leurs mandataires peuvent

prendre connaissance, mais sans déplacement, des pièces de l'affaire.

Toutefois, le président du conseil peut autoriser le déplacement des pièces, pendant un délai qu'il détermine, sur la demande des avoués ou des avocats chargés de défendre les parties.

Si le mandataire d'une partie n'est ni avoué ni avocat, il doit justifier de son mandat par un acte sous seing privé, légalisé par le maire, ou par un acte authentique. L'acte sous seing privé n'est pas soumis à la formalité de l'enregistrement.

Art. 9. — Les mémoires en défense et les répliques sont déposés au greffe, dans les conditions fixées par les articles 1, 2, 3 et 4 de la présente loi.

La communication en est ordonnée par le conseil de préfecture comme pour les requêtes introductives d'instance.

Art. 10. — Lorsqu'il s'agit de contraventions, il est procédé comme il suit, à défaut des règles établies par des lois spéciales :

Dans les dix jours qui suivent la rédaction d'un procès-verbal de contravention et son affirmation, quand elle est exigée, le préfet fait faire à l'inculpé notification de la copie du procès-verbal, ainsi que de l'affirmation avec citation à comparaître, dans le délai d'un mois, devant le conseil de préfecture. La notification et la citation sont faites dans la forme administrative.

La citation doit indiquer à l'inculpé qu'il est tenu de

fournir ses défenses écrites dans le délai de quinzaine, à partir de la notification qui lui est faite, et l'inviter à faire connaître, en produisant sa défense écrite, s'il entend user du droit de présenter des observations orales.

Il est dressé acte de la notification et de la citation; cet acte doit être adressé au greffe du conseil de préfecture et y être enregistré, comme il est dit en l'art. 1er.

Le conseil de préfecture ordonne, s'il y a lieu, la communication à l'administration compétente du mémoire en défense produit par l'inculpé, et la communication à l'inculpé de la réponse faite par l'administration.

Art. 11. — Les réclamations en matière de contributions directes continueront à être présentées et instruites dans les formes prescrites par les lois spéciales à la matière. Toutefois, lorsque les parties seront appelées à fournir des observations, en exécution de l'art. 29 de la loi du 21 avril 1862, elles devront être invitées à faire connaître si elles entendent user du droit de présenter des observations orales à la séance publique où l'affaire sera portée pour être jugée.

Il en sera de même des réclamations relatives aux taxes qui sont assimilées aux contributions directes pour le recouvrement, et dont l'assiette et la répartition sont confiées à l'administration des contributions directes.

Les réclamations relatives aux taxes assimilées, dont l'assiette n'est pas confiée à cette administration, seront instruites dans les formes prescrites par les articles 1 à 3 de la présente loi.

Art. 12. — Lorsque l'affaire est en état d'être jugée, ou lorsqu'il y a lieu d'ordonner des vérifications au moyen d'expertises, d'enquêtes ou autres mesures analogues, le rapporteur prépare un rapport et un projet de décision.

Le dossier, avec le rapport et le projet de décision, est remis au secrétaire greffier, qui le transmet immédiatement au commissaire du gouvernement.

Titre II.

Des différents moyens de vérification.

---

§ 1er. — Des Expertises.

Art. 13. — Le conseil de préfecture peut, soit d'office, soit sur la demande des parties ou de l'une d'elles, ordonner, avant faire droit, qu'il sera procédé à une expertise sur les points déterminés par sa décision.

En matière de dommages résultant de l'exécution de travaux publics, l'expertise doit être ordonnée, si elle est demandée par les parties ou par l'une d'elles, pour faire vérifier les faits qui servent de base à la réclamation.

Art. 14. — Le conseil décide, suivant la nature et les circonstances de l'affaire, si l'expertise sera faite par un ou par trois experts.

Dans le premier cas, l'expert est désigné par le conseil, à moins que les parties ne s'accordent pour le désigner.

Si l'expertise doit être confiée à trois experts, l'un d'eux est nommé par le conseil de préfecture, et chacune des parties est appelée à nommer son expert.

Art. 15. — Les parties qui ne sont pas présentes à la séance publique où l'expertise est ordonnée, ou qui n'ont pas, dans leurs requêtes et mémoires, désigné leurs experts, sont invitées, par une notification faite conformément à l'art. 7, à les désigner dans le délai de huit jours.

Si cette désignation n'est pas parvenue au greffe dans ce délai, la nomination est faite d'office par le conseil de préfecture.

Art. 16. — L'arrêté du conseil de préfecture qui ordonne l'expertise et en fixe l'objet, et qui nomme, s'il y a lieu, les experts, désigne l'autorité devant laquelle ils doivent prêter serment, à moins que le conseil ne les en dispense. La prestation du serment et l'expédition du procès-verbal ne donnent lieu à aucun droit d'enregistrement.

Le conseil de préfecture fixe, en outre, le délai dans lequel les experts seront tenus de déposer leur rapport au greffe.

Art, 17. — *Les fonctionnaires publics* qui ont exprimé une opinion dans l'affaire litigieuse ou *qui ont pris part aux travaux qui donnent lieu à une réclamation ne peuvent être désignés comme experts.*

Les règles établies par le Code de procédure civile pour la récusation des experts sont applicables dans le cas où les experts sont désignés d'office par le conseil de préfecture.

La récusation doit être proposée dans les huit jours de la notification de l'arrêté qui a désigné l'expert. Elle est jugée d'urgence.

Art. 18. — Dans le cas où un expert n'accepte pas la mission qui lui a été confiée, il en est désigné un autre à sa place.

L'expert qui, après avoir accepté sa mission ne la remplit pas, et celui qui ne dépose pas son rapport dans le délai fixé par le conseil de préfecture, peuvent être condamnés à tous les frais frustratoires, et même à des dommages-intérêts, s'il y a lieu. L'expert est, en outre, remplacé, s'il y a lieu.

Art. 19. — Les parties doivent être averties par l'expert ou par les experts des jour et heure auxquels il sera procédé à l'expertise. Cet avis leur est adressé, quatre jours au moins à l'avance, par lettre chargée.

Les observations faites par les parties dans le cours des opérations doivent être consignées dans le rapport.

Art. 20. — S'il y a plusieurs experts, ils procèdent ensemble à la visite des lieux et dressent un seul rapport. Dans le cas où ils sont d'avis différents, ils indiquent l'opinion de chacun d'eux et les motifs à l'appui.

Art. 21. — Le rapport est déposé au greffe du conseil. Les parties sont invitées, par une sommation faite conformément à l'art. 7, à en prendre connaissance et à fournir leurs observations dans le délai de quinze jours.

Art. 22. — Si le conseil ne trouve pas dans le rapport d'expertise des éclaircissements suffisants, il peut ordonner un supplément d'instruction, ou bien ordonner que les experts comparaîtront devant lui pour fournir les explications et renseignements nécessaires.

En aucun cas, le conseil n'est obligé de suivre l'avis des experts.

Art. 23. — Les experts joignent à leur rapport un état de leurs vacations, frais et honoraires.

La liquidation et la taxe en sont faites par arrêté du président du conseil de préfecture, conformément au tarif qui sera fixé par un règlement d'administration publique ; mais les experts ou les parties peuvent, dans le délai de trois jours, à partir de la notification qui leur est faite dudit arrêté, contester la liquidation, devant le conseil de préfecture.

Art. 24. — En cas d'urgence, le président du conseil de préfecture peut, sur la demande des parties, désigner un expert pour constater des faits qui seraient de nature à motiver une réclamation devant ce conseil.

§ 2. — *Des visites de lieux.*

Art. 25. — Le conseil peut, lorsqu'il le croit nécessaire, ordonner qu'il se transportera tout entier ou que l'un ou plusieurs de ses membres se transporteront sur les lieux pour y faire les constatations et vérifications déterminées par son arrêté.

Le conseil ou ses membres peuvent, en outre, dans le cours de la visite, entendre, à titre de renseignements, les personnes qu'ils désignent, et faire faire en leur présence les opérations qu'ils jugent utiles.

Les parties sont averties, par une notification faite conformément à l'art. 7, du jour et de l'heure auxquels la visite des lieux doit se faire. Il est dressé procès-verbal de l'opération.

Les frais de cette visite sont compris dans les dépens de l'instance.

------

§ 3. — *Des enquêtes et interrogatoires.*

Art. 26. — Le conseil peut, soit sur la demande des parties, soit d'office, ordonner une enquête sur les faits dont la constatation lui paraît utile à l'instruction de l'affaire.

Art. 27. — L'arrêté qui ordonne l'enquête indique les faits sur lesquels elle doit porter et décide, suivant le cas, si elle aura lieu, soit devant le conseil en séance publique, soit devant un des membres du conseil qui se transportera sur les lieux, soit devant le juge de paix du canton ou l'un des suppléants.

Art. 28. — Les parties sont averties, par une notification faite conformément à l'art. 7 qu'elles peuvent prendre connaissance au greffe de l'arrêté qui ordonne l'enquête, et elles sont invitées à présenter leurs témoins au jour fixé par cet arrêté.

Les parties peuvent assigner les témoins à leurs frais, par exploit d'huissier.

Art. 29.—Ne peuvent être entendus comme témoins les parents ou alliés en ligne directe de l'une des parties, ou leurs conjoints.

Toutes autres personnes sont admises comme témoins, à l'exception de celles que la loi ou des décisions judiciaires auraient déclarées incapables de témoigner en justice.

Art. 30. — Les témoins sont entendus séparément, tant en présence qu'en l'absence des parties. Chaque témoin, avant d'être entendu, déclare ses nom, prénoms, profession, âge et demeure; s'il est parent ou allié des parties et à quel degré; s'il est domestique ou serviteur de l'une d'elles. Il fait, à peine de nullité, le serment de dire la vérité.

Les individus qui n'ont pas l'âge de quinze ans révolus ne sont pas admis à prêter serment et ne peuvent être entendus qu'à titre de renseignements (1).

----

(1) Les témoins peuvent être entendus de nouveau et confrontés les uns avec les autres.

Art. 31. — Dans le cas où l'enquête a lieu à l'audience publique, le secrétaire greffier dresse procès-verbal de l'audition des témoins.

Ce procès-verbal est visé par le président et annexé à la minute de l'arrêté.

Art. 32. — Si l'enquête est confiée, soit à un des membres du conseil, soit à un juge de paix ou à l'un de ses suppléants, il est dressé procès-verbal contenant la date des jour, lieu et heure de l'enquête; la mention de l'absence ou de la présence des parties; les nom, prénoms, profession et demeure des témoins; le serment par eux prêté ou les causes qui les ont empêché de le prêter; leur déposition.

Il est donné lecture à chaque témoin de sa déposition, et le témoin la signe, ou mention est faite qu'il ne sait, ne peut ou ne veut signer.

Le procès-verbal dressé par le commissaire-enquêteur est déposé au greffe du conseil.

Art. 33. — Si les parties n'ont pas assisté à l'enquête, elles sont averties, par une notification faite conformément à l'art. 7, qu'elles peuvent prendre connaissance du procès-verbal au greffe, dans le délai fixé par le conseil de préfecture.

Art. 34. — Lorsque le conseil de préfecture a ordonné une enquête avant de statuer sur la validité des opérations électorales qui sont contestées devant lui, le délai dans lequel il doit statuer sur la réclamation, en vertu de l'art. 51 de la loi du 22 juin 1833 et de l'art. 45 de la loi du 5 mai 1855, est porté à deux mois.

Art. 35. — Si les témoins entendus dans une enquête requièrent taxe, la taxe est faite par le président du conseil ou le commissaire-enquêteur, suivant les cas, conformément au tarif qui sera fixé par un règlement d'administration publique.

Art. 36. — Le conseil peut, soit d'office, soit sur la demande des parties, ordonner que les parties seront interrogées, soit à la séance publique, soit en chambre du conseil.

----

§ 4. — *Des vérifications d'écritures et de l'inscription de faux.*

Art. 37. — Le conseil peut ordonner une vérification d'écritures par un ou plusieurs experts qu'il nomme, en présence d'un des membres du conseil désigné à cet effet.

Art. 38. — Dans le cas de demandes en inscription de faux contre une pièce produite, le conseil fixe le délai dans lequel la partie qui l'a produite sera tenue de déclarer si elle entend s'en servir.

Si la partie déclare qu'elle n'entend pas se servir de la pièce ou ne fait pas de déclaration, la pièce est rejetée.

Si la partie déclare qu'elle entend se servir de la pièce, le conseil peut, soit surseoir à statuer sur l'instance principale jusqu'après le jugement du faux par le tribunal compétent, soit statuer au fond, s'il reconnaît que la décision ne dépend pas de la pièce arguée de faux.

Titre III.

Des incidents.

Art. 39. — Sont applicables aux demandes incidentes les règles établies par les art. 1 à 9 de la présente loi.

Art. 40. — L'intervention est admise de la part de ceux qui ont intérêt à la décision du litige engagé devant le conseil de préfecture.

Art. 41. — Les dispositions des art. 378 à 389 du Code de procédure civile sur la récusation des juges sont applicables devant les conseils de préfecture.

Art. 42. — Le désistement peut être fait et accepté par des actes signés des parties ou de leurs mandataires et déposés au greffe.

Les frais du procès sont à la charge de la partie qui se désiste.

Titre IV.

Du jugement.

Art. 43. — Le rôle de chaque séance publique est arrêté par le président du conseil, sur la proposition du commissaire du gouvernement.

Art. 44. — Toute partie qui, antérieurement à la fixation du rôle, a fait connaître l'intention de présenter des observations orales, doit être avertie, par une notification faite conformément à l'art. 7, à son domicile ou à celui de son mandataire ou défenseur, lorsqu'elle en a désigné un, du jour où l'affaire sera appelée en séance publique. Cet avertissement est donné quatre jours au moins avant la séance.

Le conseil de préfecture peut également entendre les agents de l'administration compétente ou les appeler devant lui pour fournir des explications.

·Art. 45. — Après le rapport qui est fait sur chaque affaire par un des conseillers, les parties peuvent présenter, soit en personne, soit par mandataire, des observations orales à l'appui de leurs conclusions écrites.

Si les parties présentent des conclusions nouvelles ou des moyens nouveaux, le conseil ne peut les admettre sans ordonner un supplément d'instruction.

Art. 46. — Le commissaire du gouvernement donne ses conclusions sur toutes les affaires.

Art. 47. — La décision est prononcée à l'audience publique après délibéré hors la présence des parties.

Art. 48. — Les arrêtés pris par les conseils de préfecture dans les affaires contentieuses mentionnent qu'il a été statué en séance publique.

Ils contiennent les noms et conclusions des parties, le vu des pièces principales et des dispositions législatives dont ils font l'application. Lorsque le conseil de préfecture statue en matière répressive, les dispositions législatives doivent être textuellement rapportées.

Mention est faite que les parties ou leurs mandataires

ou défenseurs, et le commissaire du gouvernement ont été entendus.

Ils sont motivés.

Les noms des membres qui ont concouru à la décision y sont mentionnés.

La décision est signée par le président, le rapporteur et le secrétaire greffier.

Art. 49. — La minute des décisions des conseils de préfecture est conservée au greffe pour chaque affaire, avec la correspondance et les pièces relatives à l'instruction. Les pièces qui appartiennent aux parties leur sont remises sur récépissé, à moins que le conseil de préfecture n'ait ordonné que quelques-unes de ces pièces resteraient annexées à sa décision.

Art. 50. Les arrêts des conseils de préfecture sont exécutoires et comportent hypothèques.

Art. 51. — L'expédition des décisions délivrée par le secrétaire greffier, est notifiée aux parties dans la forme administrative, en vertu des ordres du préfet, lorsque l'instance a été engagée par l'État ou contre lui, et lorsque le conseil de préfecture a prononcé en matière répressive.

Dans les autres cas, la notification est faite par exploit d'huissier.

Toutefois, il n'est pas dérogé aux règles spéciales établies pour la notification des décisions en matière de contributions directes et de taxes assimilées à ces contributions.

Titre V.

De l'opposition et du recours devant le Conseil d'État.

Art. 52. — Les arrêtés non contradictoires des conseils de préfecture en matière contentieuse peuvent être attaqués par voie d'opposition dans le délai d'un mois, à dater de la signification qui en est faite à la partie.

L'acte de notification doit indiquer à la partie que, après l'expiration dudit délai, elle sera déchue du droit de former opposition.

L'opposition est formée suivant les règles établies par les art. 1 et 4 de la présente loi. Les communications sont ordonnées comme pour les requêtes introductives d'instance.

Art. 53. — Sont considérés comme contradictoires les arrêtés rendus sur les requêtes ou mémoires en défense de parties, alors même que les parties ou leurs mandataires n'auraient pas présenté d'observations orales à la séance publique.

Toutefois, si après une expertise, les parties n'ont pas été appelées à prendre connaissance du rapport d'expert, elles pourront former opposition contre la décision du conseil de préfecture.

Art. 54. — Lorsque la demande est formée contre deux ou plusieurs parties et que l'une ou plusieurs d'entre elles n'ont pas présenté de défense, le conseil sursoit à statuer sur le fonds et ordonne que les parties

défaillantes seront averties de ce sursis par une notification faite conformément à l'art. 7, et invitées de
nouveau à produire leurs défenses dans un délai qu'il
fixe.

Après l'expiration du délai, il est statué par une
seule décision qui n'est susceptible d'opposition de la
part d'aucune des parties.

Art. 55.—L'opposition suspend l'exécution, à moins
qu'il n'en ait été autrement ordonné par la décision
qui a statué par défaut.

Art. 56. — Toute partie peut former tierce opposition à une décision qui préjudicie à ses droits, et lors
de laquelle ni elle ni ceux qu'elle représente n'ont été
appelés.

Il est procédé à l'instruction dans les formes établies
par les art. 1 à 9 de la présente loi.

Art. 57. — Les arrêtés des conseils de préfecture
peuvent être attaqués devant l'empereur, en Conseil
d'Etat, dans le délai de trois mois, à dater de la notification, lorsqu'ils sont contradictoires, et à dater de
l'expiration du délai d'opposition, lorsqu'ils ont été
rendus par défaut.

Art. 58. — Ce délai est augmenté conformément à
l'art. 73 du Code de procédure civile, modifié par la loi
du 3 mai 1862, lorsque le réquérant est domicilié hors
de la France continentale.

Art. 59. — Le délai du pourvoi court contre l'Etat,
soit à dater du jour où la notification de l'arrêté a été
faite par les parties au préfet, soit à dater du jour où la

notification a été faite aux parties en vertu des ordres du préfet.

Lorsque le conseil de préfecture a statué en matière répressive, le délai contre l'administration court à partir de la date de l'arrêté.

Art. 60. — Les dispositions du Code de procédure civile relatives à l'appel des jugements préparatoires et interlocutoires sont applicables aux recours formés contre les décisions des conseils de préfecture.

Art. 61. — Le recours au Conseil d'Etat contre les arrêtés des conseils de préfecture peut avoir lieu sans frais et sans l'intervention d'un avocat au Conseil d'Etat, en matière : 1° de contributions directes et de taxes assimilées à ces contributions pour le recouvrement ; 2° d'élections ; 3° de contraventions aux lois et règlements sur la grande voirie et autres contraventions dont la répression appartient au conseil de préfecture, ainsi que d'anticipation sur les chemins vicinaux.

Toutefois, l'exemption du droit du timbre n'est applicable au recours en matière de contributions directes et en matière de taxes assimilées à ces contributions, sauf les prestations en nature pour les chemins vicinaux, que lorsque la cote est de moins de 30 francs.

Le recours peut être déposé, soit au secrétariat général du Conseil d'Etat, soit à la préfecture, soit à la sous-préfecture. Dans ces deux derniers cas, il est marqué d'un timbre qui indique la date de l'arrivée, et il est transmis par le préfet au secrétariat général du

Conseil. Il en est délivré récépissé à la partie qui le demande.

Titre VI.

Des dépens.

Art. 62. — Toute partie qui succombe est condamnée aux dépens.

Les dépens peuvent, en raison des circonstances de l'affaire, être compensés en tout ou en partie.

Art. 63. — L'administration peut être condamnée aux dépens dans les contestations qui sont relatives, soit aux domaines de l'Etat, soit à l'exécution des marchés passés pour un service public, soit à la réparation des dommages sur lesquels les conseils de préfecture sont appelés à prononcer.

En matière de contributions directes, les frais d'expertise sont à la charge des communes et de l'Etat suivant les cas, lorsque la demande en décharge ou réduction est reconnue fondée, soit en totalité, soit en partie.

La liquidation de ces frais d'expertise est faite par le président du conseil de préfecture, conformément à l'art. 23.

Art. 64. — Les dépens ne peuvent comprendre que les frais de timbre et d'enregistrement, les frais de copie des requêtes et mémoires, les frais d'expertise, d'enquête et autres mesures d'instruction et les frais de signification de la décision.

Art. 65. — La liquidation des dépens est faite, s'il y a lieu, par l'arrêté qui statue sur le litige, conformément au tarif qui sera fixé par un règlement d'administration publique.

Si l'Etat des dépens n'est pas soumis en temps utile au conseil de préfecture, la liquidation en est faite par le président du Conseil, sur la proposition du rapporteur.

Les parties peuvent former opposition à cette décision devant le conseil de préfecture, dans le délai de huit jours, à partir de la notification.

Art. 67. — Sont abrogées les dispositions de lois et de règlements contraires à la présente loi.

Ce projet de loi a été délibéré et adopté par le Conseil d'Etat dans ses séances des 16, 18, 25 mai 1870.

TABLE DES MATIÈRES

APPENDICE.

Législation.

FIN DE LA TABLE DES MATIÈRES.

Imprimerie de J. INVAIN, rue Cassette, 2.

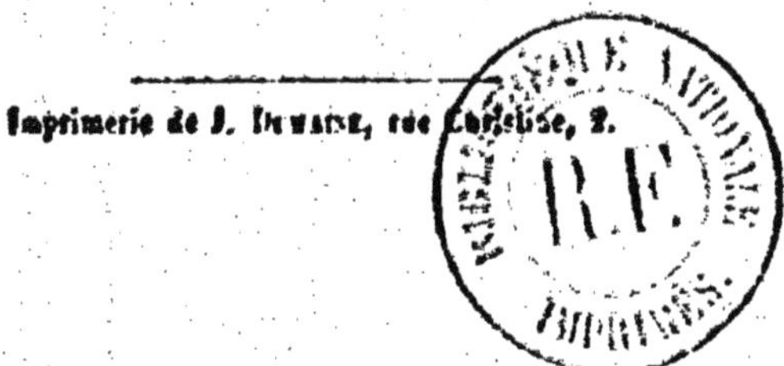

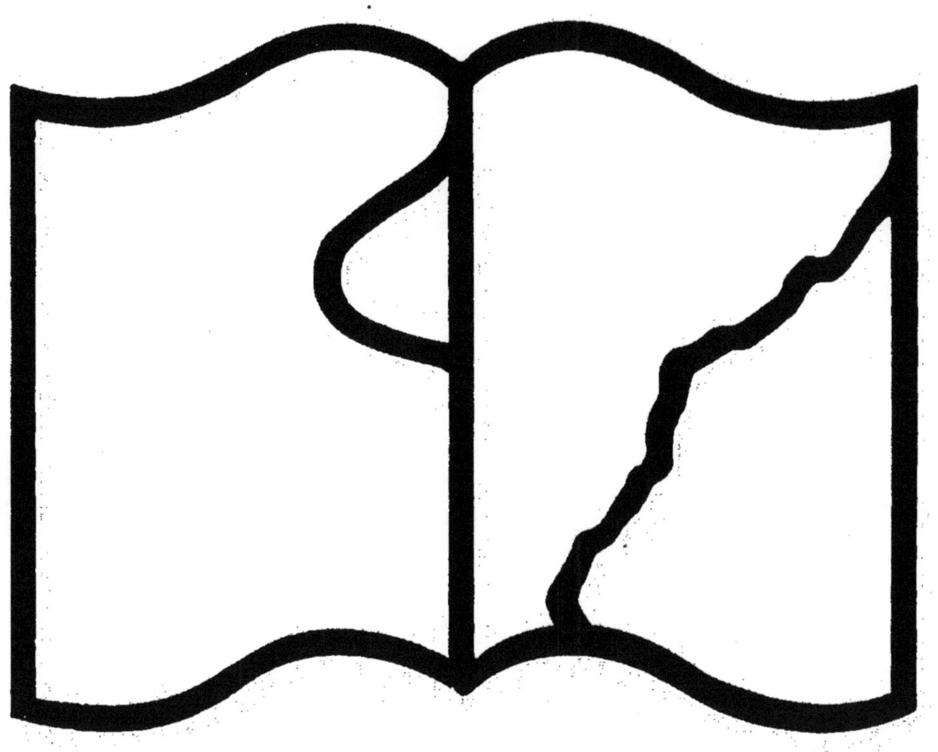

Texte détérioré — reliure défectueuse

NF Z 43-120-11